2024 SEPTEMBRE Semaine 37

2024
2025

Lundi 9 | Mardi 10 | Mercredi 11 | Jeudi 12

9782383824657
W0231450

CHAQUE SEMAINE, 2 SUPER ACTIVITÉS !

ACTIVITÉS POUR LES ENFANTS

LE CALENDRIER POUR S'ORGANISER TOUTE L'ANNÉE

mémoniak

Bienvenue dans notre famille !

Octobre 2024

L	M	M	J	V	S	D
	1	2	3	4	5	6
7	8	9	10	11	12	13
14	15	16	17	18	19	20
21	22	23	24	25	26	27
28	29	30	31			

Retrouvez 2 activités pour les enfants au verso

2024

AOÛT / SEPTEMBRE

Semaine 35

Lundi 26
Ste Natacha

Mardi 27
Ste Monique

Mercredi 28
St Augustin

Jeudi 29
Ste Sabine

Vendredi 30
St Fiacre

Samedi 31
St Aristide

Dimanche 1
St Gilles

Août 2024

L	M	M	J	V	S	D
			1	2	3	4
5	6	7	8	9	10	11
12	13	14	15	16	17	18
19	20	21	22	23	24	25
26	27	28	29	30	31	

Septembre 2024

L	M	M	J	V	S	D
						1
2	3	4	5	6	7	8
9	10	11	12	13	14	15
16	17	18	19	20	21	22
23	24	25	26	27	28	29
30						

DES ACTIVITÉS AMUSANTES ET LUDIQUES POUR LES ENFANTS

La vie de famille est faite de petits bonheurs partagés. Parfois, il suffit d'être ensemble lors d'une sortie ou de regarder et écouter les mêmes choses. Mais ce qui resserre sans doute encore davantage les liens entre parents et enfants, c'est de le faire ENSEMBLE.

Mais souvent, même si on connaît des animations qui fonctionnent bien, qui plaisent à toute la famille, on a le sentiment qu'on tourne un peu en rond et qu'une routine s'installe. Ce calendrier vous propose une foule d'activités variées qui viendront renouveler le plaisir d'être ensemble.

Sans même que l'enfant s'en aperçoive, en agissant et s'amusant avec ses parents ou grands-parents, il gagne en affirmation de soi, il apprend tout ce qui va construire petit à petit sa personnalité et va consolider son autonomie.

Les différentes activités que nous vous présentons dans votre *Bloc hebdomadaire organiseur Mémoniak Activités pour les enfants* sont des pistes que vous pouvez vous réapproprier en fonction de ce que vous avez sous la main. Elles utilisent le plus souvent des objets ou des matériaux qu'on trouve habituellement chez soi. Il est facile de trouver des équivalents ou d'introduire des variations.

Vous les adapterez aussi en fonction de l'âge de l'enfant. S'il est grand, il pourra presque tout faire seul. Plus jeune, il vous regardera faire avant de s'impliquer davantage à la mesure de ses moyens.

N'oubliez pas que toute activité ludique peut facilement devenir pédagogique sans jamais engendrer d'ennui : qu'il s'agisse d'activités manuelles, sportives, intellectuelles, elles ont toutes un intérêt pour le développement de l'enfant. Faire la cuisine permet d'apprendre les dosages, les proportions… et n'interdit pas pour autant de s'amuser et de se régaler ! Qu'il s'agisse de décoration ou de petit bricolage, les travaux pratiques développent la dextérité, la créativité, la concentration et ce qu'on appelle « la motricité fine ». Ils sont importants car ils donnent des outils pour lutter contre l'ennui tout au long de sa vie.

Nous avons privilégié en général les activités que vous pouvez pratiquer en même temps que votre enfant, car ce lien de partage est essentiel.

Enfin, n'oubliez pas que vous n'êtes pas professeur mais parent ! Si l'enfant détourne le matériel pour en faire un autre usage, s'il ne se plie pas tout à fait aux consignes, peu importe ! Tout est apprentissage. Et surtout, si l'activité l'ennuie ou le décourage, n'insistez pas et passez à autre chose. Ces moments doivent être intensément partagés entre parent et enfant, c'est cela l'essentiel, dans le rire et la bonne humeur.

2024

SEPTEMBRE

Semaine 36

Lundi 2
Ste Ingrid / Fête du Travail (Canada)

*Rentrée des classes**

Mardi 3
St Grégoire

Mercredi 4
Ste Rosalie

Jeudi 5
Ste Raïssa

Vendredi 6
St Bertrand

Samedi 7
Ste Reine

Dimanche 8
St Adrien / Nativité de la Vierge Marie

Retrouvez 2 activités pour les enfants au verso →

Septembre 2024

L	M	M	J	V	S	D
						1
2	3	4	5	6	7	8
9	10	11	12	13	14	15
16	17	18	19	20	21	22
23	24	25	26	27	28	29
30						

Octobre 2024

L	M	M	J	V	S	D
	1	2	3	4	5	6
7	8	9	10	11	12	13
14	15	16	17	18	19	20
21	22	23	24	25	26	27
28	29	30	31			

*Important : malgré nos vérifications et notre souci permanent de vous fournir le meilleur organiseur du marché, il arrive que des changements soient décidés par le ministère de l'Éducation nationale concernant les dates de vacances scolaires après l'envoi en impression de votre *Bloc hebdomadaire organiseur Mémoniak Activités pour les enfants*. Nous nous en excusons par avance et vous conseillons vivement de les vérifier sur le site Internet du ministère de l'Éducation nationale avant toute utilisation. Les vacances scolaires pour la Corse ne sont pas encore connues à l'heure où nous imprimons l'organiseur. Renseignez-vous sur le site www.ac-corse.fr.

ÉCHELLE ET ESCABEAU

Activité physique

Grimper sur un escabeau ou monter à l'échelle va de soi pour un adulte. Pour un enfant, c'est différent : l'exercice demande de l'équilibre, mais surtout de la confiance en soi.

Matériel à préparer

- 1 escabeau ou une échelle (dans un jardin)

Étape 1

Il faut que tout soit stable. Sur un escabeau, il y a un cran qui le bloque en position ouverte : assurez-vous qu'il est mis.
Pour une échelle, soit elle se déplie comme un compas et il faut qu'elle soit complètement ouverte, soit elle est appuyée contre un mur et il faut que les pieds ne puissent pas glisser.

Étape 2

Mettez des coussins ou un matelas pneumatique sous l'échelle. Expliquez bien à l'enfant que ce n'est pas un jeu mais une activité sérieuse. Il faut mettre à l'enfant des chaussures qu'il ne risque pas de perdre et le faire monter, un échelon après l'autre, le pied bien à plat.

Conseil

Tenez-vous à ses côtés, prêt à le réceptionner s'il venait à perdre l'équilibre. Il vaut mieux qu'il apprenne avec vous, sans chahuter, afin de prévenir les accidents domestiques.

CROQUE LES BAIES !

Activité intellectuelle

Comment marier calcul et gourmandise ? Voici une solution.

Matériel à préparer

- 1 barquette de petites baies (groseilles défaites de la grappe, framboises ou myrtilles)
- Des fiches bristol
- 1 feutre

Étape 1

Dessinez des cases sur les fiches bristol et inscrivez au-dessus le nombre total de cases.

Étape 2

Placez la barquette de fruits et une fiche devant l'enfant : il doit déposer une baie dans chaque case en comptant à haute voix. S'il sait écrire le chiffre, il l'écrit sous la case qu'il vient de remplir. Quand il arrive au bout des cases de la fiche, il recopie le dessin du chiffre et a le droit de manger les fruits !

Conseil

Peut-être auriez-vous encore plus de succès avec des petits bonbons, mais ce serait moins bon pour la santé !

2024

SEPTEMBRE

Semaine 37

Lundi 9
St Alain

Mardi 10
Ste Inès

Mercredi 11
St Adelphe

Jeudi 12
St Apollinaire

Vendredi 13
St Aimé

Samedi 14
St Materne

Dimanche 15
St Roland

Retrouvez 2 activités pour les enfants au verso

Septembre 2024

L	M	M	J	V	S	D
						1
2	3	4	5	6	7	8
9	10	11	12	13	14	15
16	17	18	19	20	21	22
23	24	25	26	27	28	29
30						

Octobre 2024

L	M	M	J	V	S	D
	1	2	3	4	5	6
7	8	9	10	11	12	13
14	15	16	17	18	19	20
21	22	23	24	25	26	27
28	29	30	31			

PAIN NUAGE

Activité culinaire

Mélanger, remuer, découvrir des textures, des changements d'apparence des produits, voilà tout un programme. Et on finit en dégustant un drôle de pain aérien !

Matériel à préparer pour 8 petits pains

- 4 œufs
- 4 cuillères à soupe de fromage frais (type Philadelphia)
- ½ cuillère à café de levure chimique
- Quelques gouttes de colorant alimentaire, bleu par exemple

Étape 1

Préchauffez le four à 150 °C pendant que vous réaliserez la préparation.

Étape 2

Séparez les blancs des jaunes et montez les blancs en neige avec la levure.

Étape 3

Mélangez les jaunes avec le fromage frais et quelques gouttes de colorant alimentaire, puis incorporez-les délicatement dans les blancs en neige.

Étape 4

Posez une feuille de papier sulfurisé sur une plaque à pâtisserie et déposez des petites cuillères de la préparation suffisamment espacées les unes des autres. Faites cuire 15-20 mn en surveillant la couleur. Laissez refroidir avant de détacher les « nuages » de la plaque.

AS-TU DU SOUFFLE ?

Activité manuelle

L'enfant, par cette activité, découvre comment contrôler son souffle.

Matériel à préparer

- 1 bouteille en plastique avec son bouchon
- 1 paille articulée en carton
- Des petites boules de cotillon

Étape 1

Préparez la bouteille en découpant le haut pour prélever ainsi une sorte d'entonnoir. Percez le bouchon pour pouvoir y passer la paille.

Étape 2

Tenez le haut de bouteille avec l'ouverture vers le haut. Pliez la paille de telle sorte qu'on puisse facilement souffler dedans.

Étape 3

Mettez une ou deux petites boules de cotillon dans l'entonnoir et demandez à l'enfant de souffler dans la paille. Il verra les boules se soulever.

Conseil

L'enfant va apprendre à mesurer son souffle pour maintenir les boules en suspens dans l'entonnoir ou juste au-dessus.

2024

SEPTEMBRE

Semaine 38

Lundi 16

Ste Édith

Mardi 17

St Renaud

Mercredi 18

Ste Nadège

Jeudi 19

Ste Émilie

Vendredi 20

St Jean-Charles

Samedi 21

St Matthieu / Journée internationale de la paix

Dimanche 22

St Maurice / Automne

Journée mondiale sans voiture

Retrouvez 2 activités pour les enfants au verso →

Septembre 2024

L	M	M	J	V	S	D
						1
2	3	4	5	6	7	8
9	10	11	12	13	14	15
16	17	18	19	20	21	22
23	24	25	26	27	28	29
30						

Octobre 2024

L	M	M	J	V	S	D
	1	2	3	4	5	6
7	8	9	10	11	12	13
14	15	16	17	18	19	20
21	22	23	24	25	26	27
28	29	30	31			

FEUILLE À MOTEUR

Activité intellectuelle

Les forces de tension qui s'exercent à la surface de l'eau donnent lieu à des expériences amusantes.

Matériel à préparer

- 1 saladier transparent
- 1 petite feuille d'arbre
- De l'encre
- De l'eau

Étape 1

Versez de l'eau dans le saladier. Posez la feuille à la surface de l'eau. Faites remarquer à l'enfant que la feuille est plus légère que l'eau et qu'elle flotte.

Étape 2

Demandez à l'enfant de déposer une goutte d'encre sur le bout de la feuille : elle va alors se trouver propulsée à la surface en même temps que l'encre se dilue dans l'eau.

Conseil

Avec un petit enfant, inutile d'entrer dans les détails d'explication scientifique sur la tension superficielle de l'eau : l'essentiel, c'est d'aiguiser sa curiosité pour les phénomènes physiques par des expériences amusantes.

COMME UN LION AU CIRQUE

Activité physique

Voilà un petit jeu pour animer un anniversaire. L'enfant préparera les accessoires et participera à la compétition sportive.

Matériel à préparer

- 1 grand cerceau d'au moins 1 mètre de diamètre
- Du papier crépon rouge, jaune et orange
- Des ciseaux
- Du scotch

Étape 1

Faites découper par l'enfant des bandes de papier crépon d'environ 10 cm de large. Faites-lui faire des encoches tous les 1,5 cm pour créer des effilés. Aidez-le à fixer ces effilés tout autour du cerceau pour figurer des flammes.

Étape 2

Tenez le cerceau un peu en hauteur. À tour de rôle, les enfants passent dans le cerceau en évitant de le toucher.

Conseil

Vous pouvez mettre un matelas ou des gros coussins pour que les enfants puissent passer dans le cerceau en faisant une roulade avant.

2024

SEPTEMBRE

Semaine 39

Lundi 23
St Constant

Mardi 24
St Anatole

Mercredi 25
St Hermann

Jeudi 26
Sts Côme et Damien

Vendredi 27
St Vincent de Paul

Samedi 28
St Venceslas

Dimanche 29
Sts Michel, Gabriel et Raphaël

Retrouvez 2 activités pour les enfants au verso →

Septembre 2024

L	M	M	J	V	S	D
						1
2	3	4	5	6	7	8
9	10	11	12	13	14	15
16	17	18	19	20	21	22
23	24	25	26	27	28	29
30						

Octobre 2024

L	M	M	J	V	S	D
	1	2	3	4	5	6
7	8	9	10	11	12	13
14	15	16	17	18	19	20
21	22	23	24	25	26	27
28	29	30	31			

COCO CAKES

Peser, c'est l'occasion de mesurer et de compter. Et au moment de mélanger, il faut éviter d'en mettre partout avec de trop grands gestes…

Activité culinaire

Matériel à préparer

- 2 œufs
- 1 berlingot de lait de coco
- 250 g de farine
- 1 sachet de levure chimique
- 125 g de sucre
- 75 g de beurre
- Des morceaux de fruits secs ou de fruits confits
- 1 plaque à muffins avec des petites alvéoles

Étape 1

Faites fondre le beurre au micro-ondes ou dans une casserole. Montrez le changement de consistance à l'enfant. Préchauffez le four à 180 °C.

Étape 2

Battez les œufs avec le lait de coco, puis incorporez la farine, la levure, le sucre et le beurre fondu.

Étape 3

Ajoutez les morceaux de fruits.

Étape 4

Versez la pâte aux ⅔ des alvéoles beurrées et farinées, puis faites cuire environ 30 mn.

Conseil

Si vous préférez un gros gâteau à portionner, versez la préparation dans un moule à cake beurré et fariné, et faites cuire environ 45 mn.

MOSAÏQUE DE PEINTURE

Activité manuelle

Votre enfant aime peindre mais il a du mal à « ne pas dépasser » les traits quand il colorie ? Cette activité va le libérer !

Matériel à préparer

- Du ruban de papier collant repositionnable
- De grandes feuilles de papier
- Des pinceaux
- De la gouache ou une autre peinture lavable à l'eau

Étape 1

L'enfant prépare ses couleurs. Pendant ce temps, vous posez des bandes de papier collant sur la grande feuille de papier en délimitant des surfaces de toutes les formes que vous voulez, plus ou moins grandes suivant l'habileté de l'enfant.

Étape 2

L'enfant va pouvoir peindre sans se préoccuper de dépasser, même s'il déborde un peu sur le papier collant. Quand il a fini et que la peinture a un peu séché, enlevez avec lui les bandes de ruban collant : la finition va l'étonner !

2024

SEPTEMBRE / OCTOBRE

Semaine 40

Lundi 30
St Jérôme

Mardi 1
Ste Thérèse de l'Enfant Jésus

Mercredi 2
St Léger / Roch Hachana

Jeudi 3
St Gérard

Vendredi 4
St François d'Assise

Samedi 5
Ste Fleur

Dimanche 6
St Bruno

Retrouvez 2 activités pour les enfants au verso →

Septembre 2024

L	M	M	J	V	S	D
						1
2	3	4	5	6	7	8
9	10	11	12	13	14	15
16	17	18	19	20	21	22
23	24	25	26	27	28	29
30						

Octobre 2024

L	M	M	J	V	S	D
	1	2	3	4	5	6
7	8	9	10	11	12	13
14	15	16	17	18	19	20
21	22	23	24	25	26	27
28	29	30	31			

LE POIVRON MAGIQUE

Activité intellectuelle

Cette activité permet à l'enfant de s'adonner à ses premiers travaux de jardinage, même si c'est un petit citadin.

Matériel à préparer

- 1 gros poivron bien mûr
- 1 pot de fleur avec de la terre
- De l'eau

Étape 1

Coupez le poivron en deux dans la longueur. Montrez à l'enfant les graines qu'il va pouvoir détacher tout en les laissant dans le demi-poivron.

Étape 2

Posez le demi-poivron, peau vers le bas, à la surface d'un pot aux ¾ plein de terre. Versez de la terre sur le légume pour qu'il soit plein et recouvert d'un centimètre de terre environ. Arrosez.

Étape 3

Maintenez la terre humide et le pot au chaud jusqu'à ce que les graines germent et que l'enfant voie une multitude de plantules apparaître en surface.

Conseil

Vous pouvez planter à côté une tranche découpée dans une tomate bien mûre : les petites graines germeront aussi.

LANCER D'ASSIETTES

Activité physique

Cette activité joue sur la précision et s'adresse à des enfants qui coordonnent déjà assez bien leurs mouvements. L'enfant peut aider à la préparation du jeu.

Matériel à préparer

- 1 rouleau de carton de récupération (papier aluminium par exemple)
- 1 paquet d'assiettes en carton
- De la colle
- Des ciseaux

Étape 1

Incisez le bas du rouleau tous les 2 cm. Repliez vers l'extérieur les morceaux. Prenez une assiette et fixez le rouleau verticalement en collant les languettes. Évidez une dizaine d'assiettes pour ne garder que les bords, qui formeront des anneaux.

Étape 2

Placez l'enfant à un mètre de la cible et donnez-lui les anneaux. Il doit les lancer de façon à ce qu'ils entrent dans la cible.

Conseil

Quand l'enfant maîtrise bien les gestes, éloignez la cible. L'enfant pourra, si le jeu lui plaît, peindre les anneaux de différentes couleurs.

Lundi 7
St Serge

Mardi 8
Ste Pélagie

Mercredi 9
St Denis

Jeudi 10
St Ghislain

Vendredi 11
St Firmin / Yom Kippour

Samedi 12
St Wilfried

Dimanche 13
St Géraud

Retrouvez 2 activités pour les enfants au verso →

Octobre 2024

L	M	M	J	V	S	D
	1	2	3	4	5	6
7	8	9	10	11	12	13
14	15	16	17	18	19	20
21	22	23	24	25	26	27
28	29	30	31			

Novembre 2024

L	M	M	J	V	S	D
				1	2	3
4	5	6	7	8	9	10
11	12	13	14	15	16	17
18	19	20	21	22	23	24
25	26	27	28	29	30	

PAIN PERDU

Activité culinaire

Ce plat permet d'apprendre à l'enfant qu'on peut confectionner plein de choses délicieuses avec les « restes ».

Matériel à préparer

- Des tranches de pain ou de brioche, de préférence de la veille
- 1 œuf
- Du beurre
- ¼ de litre de lait
- Du sucre vanillé
- Optionnel : du sucre glace
- 1 poêle et 1 assiette creuse

Étape 1

Versez dans une assiette creuse l'œuf battu avec le lait et le sucre vanillé.

Étape 2

Trempez les tranches dans le mélange pour qu'elles s'imbibent bien, en faisant attention à ce qu'elles ne se désintègrent pas.

Étape 3

Faites chauffer la poêle avec un morceau de beurre. Déposez les tranches les unes après les autres pour les saisir. Faites-les dorer quelques minutes en les retournant.

Étape 4

Servez aussitôt le pain perdu bien chaud. Si vous le souhaitez, vous pouvez rajouter un peu de sucre glace pour faire joli.

COULEUR OU NOIR ET BLANC ?

Activité manuelle

Cette activité part d'un coloriage déjà réalisé par l'enfant.

Matériel à préparer

- 1 coloriage
- 1 feuille plastique transparente
- 1 feuille blanche
- 1 marqueur noir
- Du scotch

Étape 1

Choisissez un coloriage déjà fait par l'enfant. Posez dessus la feuille transparente et fixez-la avec du scotch.

Étape 2

Repassez tous les contours du dessin au marqueur noir ou faites-le faire par l'enfant.

Étape 3

Quand vous allez passer la feuille blanche entre la feuille du coloriage et la feuille plastique, vous ferez varier le dessin entre couleur et noir et blanc.

Lundi 14
St Juste / Action de grâce (Canada)

Mardi 15
Ste Thérèse d'Avila

Mercredi 16
Ste Edwige

Jeudi 17
St Baudouin

Vendredi 18
St Luc

Samedi 19
St René

Début des vacances scolaires

Dimanche 20
Ste Adeline

Retrouvez 2 activités pour les enfants au verso →

Octobre 2024

L	M	M	J	V	S	D
	1	2	3	4	5	6
7	8	9	10	11	12	13
14	15	16	17	18	19	20
21	22	23	24	25	26	27
28	29	30	31			

Novembre 2024

L	M	M	J	V	S	D
				1	2	3
4	5	6	7	8	9	10
11	12	13	14	15	16	17
18	19	20	21	22	23	24
25	26	27	28	29	30	

UN POIREAU IMMORTEL

Activité intellectuelle

Cette activité sensibilise l'enfant aux sciences naturelles, même s'il a peu d'espaces verts autour de lui.

Matériel à préparer

- 1 verre
- 1 poireau
- De l'eau

Étape 1

Quand vous découpez un poireau pour le cuisiner, conservez le bout blanc avec les petites radicelles.

Étape 2

Demandez à l'enfant de remplir au tiers le verre d'eau et posez le pied du poireau droit dans le verre.

Étape 3

Au bout de quelques jours, des pousses vertes nouvelles vont apparaître au cœur du pied de poireau. Il sera d'ailleurs possible de les cuisiner quand elles seront suffisamment hautes !

Conseil

Si vous découpez le haut d'une carotte et que vous le déposez, coupe vers le bas, dans une soucoupe pleine d'eau, les fanes repousseront également au bout de quelques jours !

PASSE ET REPASSE

Activité physique

L'enfant apprend à bien coordonner ses mouvements en déplaçant de plus en plus vite un objet.

Matériel à préparer

- 2 petites balles
- 2 chaises

Étape 1

Asseyez-vous en face de votre enfant, chacun sur une chaise avec une balle dans la main. Montrez-lui d'abord le mouvement, puis l'enfant le fait en même temps que vous.

Étape 2

La balle est d'abord dans la main droite, on la fait passer sous le genou droit, la main gauche la récupère et la fait passer au-dessus de la cuisse gauche, puis en dessous, la main droite la récupère et la fait passer au-dessus de la cuisse droite, puis en dessous, etc.

Étape 3

Essayez d'accélérer sans vous mélanger dans les mouvements : fou rire garanti !

OCTOBRE

Lundi 21
Ste Céline

Mardi 22
Ste Élodie

Mercredi 23
St Jean de Capistran

Jeudi 24
St Florentin

Vendredi 25
St Crépin

Samedi 26
St Dimitri

Dimanche 27
Ste Émeline / Passage à l'heure d'hiver (- 1 h)

Retrouvez 2 activités pour les enfants au verso →

Octobre 2024

L	M	M	J	V	S	D
	1	2	3	4	5	6
7	8	9	10	11	12	13
14	15	16	17	18	19	20
21	22	23	24	25	26	27
28	29	30	31			

Novembre 2024

L	M	M	J	V	S	D
				1	2	3
4	5	6	7	8	9	10
11	12	13	14	15	16	17
18	19	20	21	22	23	24
25	26	27	28	29	30	

ZÉBULON QUI REBONDIT

Créer un petit personnage rebondissant avec juste du papier, voilà qui va mettre en jeu la dextérité de l'enfant. S'il est trop jeune, il regarde, vous aide et ajoute du décor.

Activité manuelle

Matériel à préparer

- Du papier épais ou du carton fin
- Des ciseaux
- De la colle
- Des feutres

Étape 1

Faites découper par l'enfant, dans du papier épais ou du carton fin, 6 bandes d'1,5 cm de large sur environ 20 cm de long. Mettez un point de colle au milieu de la première, posez la deuxième bande dessus à angles droits, remettez un point de colle et continuez d'empiler toutes les bandes en les répartissant en cercle autour du point central.

Étape 2

Courbez un des bouts de la première bande pour qu'il arrive au-dessus du point central. Mettez un point de colle, collez dessus le bout suivant et ainsi de suite. Vous allez obtenir une sorte de balle évidée qui a du ressort quand on appuie dessus.

Étape 3

Vous avez ainsi le corps du Zébulon. Vous pouvez faire découper à l'enfant deux formes de pied à coller sous le corps, puis une forme de tête qu'il décore et que vous collez sur une languette dont vous collerez l'autre bout en haut du corps. Des bras peuvent compléter le personnage.

Conseil

Sur cette base, vous pouvez faire des monstres de tailles différentes suivant la longueur des bandes de départ.

HÉRISSONS CHOCO-AMANDE

Activité culinaire

Ces petits gâteaux ne demandent que du malaxage, comme si l'enfant jouait à la pâte à modeler, et un peu de décoration. L'enfant se débrouillera très bien.

Matériel à préparer pour 4 personnes

- 1 paquet de pâte d'amande
- Des vermicelles de chocolat

Étape 1

Dans la pâte d'amande, l'enfant va modeler des sortes de petites quenelles en faisant un museau pointu à un bout. Ce sera le corps d'un petit hérisson.

Étape 2

Mettez les vermicelles de chocolat dans une assiette creuse. L'enfant trempe chaque corps de hérisson dans les vermicelles en le tenant par le museau, qui restera tout nu.

Étape 3

Posez le hérisson sur un plat. Formez bien le museau et, avec 3 petits bouts de vermicelles, fixez deux yeux et un nez.

2024

OCTOBRE / NOVEMBRE

Semaine 44

Lundi 28
Sts Simon et Jude

Mardi 29
St Narcisse

Mercredi 30
Ste Bienvenue

Jeudi 31
St Quentin / Halloween

Vendredi 1
Ste Cassandre / Toussaint **Férié**

Samedi 2
St Victorin / Défunts

Dimanche 3
St Hubert

Retrouvez 2 activités pour les enfants au verso →

Octobre 2024

L	M	M	J	V	S	D
	1	2	3	4	5	6
7	8	9	10	11	12	13
14	15	16	17	18	19	20
21	22	23	24	25	26	27
28	29	30	31			

Novembre 2024

L	M	M	J	V	S	D
				1	2	3
4	5	6	7	8	9	10
11	12	13	14	15	16	17
18	19	20	21	22	23	24
25	26	27	28	29	30	

COPIE-COULEUR

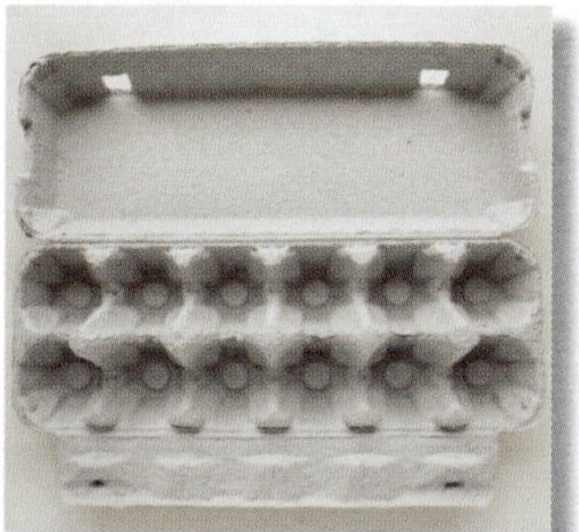

Activité intellectuelle

Cette activité de tri est fondée sur les couleurs et oblige l'enfant à se conformer à une consigne.

Matériel à préparer

- 1 boîte de 12 œufs vide
- Des fiches bristol
- Des feutres de couleur
- Des boules de cotillon de couleur

Étape 1

Avant de proposer l'activité à l'enfant, préparez les fiches bristol. Dessinez les 12 ronds correspondant aux alvéoles de la boîte d'œufs. Avec les feutres, dessinez un cercle de couleur dans chaque case, de la même couleur que les boules de cotillon. Faites une dizaine de fiches bristol différentes.

Étape 2

Placez devant l'enfant la boîte d'œufs et les boules de cotillon, puis donnez-lui l'une des fiches bristol : il va devoir déposer dans chaque alvéole la boule de la bonne couleur.

Conseil

Pour les plus petits, vous commencerez avec simplement une rangée de 6 alvéoles. Pour les plus grands, vous pouvez passer au plateau de 20 œufs, ou bien leur montrer la fiche bristol, puis la cacher et leur demander de reproduire le schéma, pour faire travailler la mémoire et l'observation.

LA PAGAIE

Activité physique

Dans cet exercice, il s'agit de coordonner les mouvements tout en dissociant l'action de chaque membre antérieur.

Matériel à préparer

- 2 petits bâtons ou grandes règles
- 2 chaises

Étape 1

Asseyez-vous en face de votre enfant, chacun sur une chaise avec un bâton dans la main. Montrez-lui le mouvement et l'enfant le fait ensuite en même temps que vous.

Étape 2

Tendez le bâton tenu à deux mains devant vous. Un bras va rester fixe pendant que l'autre va monter, descendre, ramener vers soi ou au contraire éloigner le bout du bâton qu'il tient.

Conseil

Alternez le bras fixe et le bras mobile.

NOVEMBRE

Lundi 4
St Charles

Fin des vacances scolaires

Mardi 5
Ste Sylvie

Mercredi 6
St Léonard

Jeudi 7
Ste Carine

Vendredi 8
St Geoffroy

Samedi 9
St Théodore

Dimanche 10
St Léon

Retrouvez 2 activités pour les enfants au verso →

Novembre 2024

L	M	M	J	V	S	D
				1	2	3
4	5	6	7	8	9	10
11	12	13	14	15	16	17
18	19	20	21	22	23	24
25	26	27	28	29	30	

Décembre 2024

L	M	M	J	V	S	D
						1
2	3	4	5	6	7	8
9	10	11	12	13	14	15
16	17	18	19	20	21	22
23	24	25	26	27	28	29
30	31					

FARANDOLE DE BOUCHÉES DE PAIN

Les boulangers proposent aujourd'hui des pains fantaisie de toutes sortes. C'est l'occasion de faire découvrir à votre enfant des textures et des goûts variés.

Activité culinaire

Matériel à préparer

- Plusieurs pains très différents (seigle, maïs, froment, complet, baguette, céréales, etc.)
- 1 fromage blanc ou du fromage frais

Étape 1

Il faut obtenir des bouchées de pain de petite taille : soit des fines tranches, soit des petits cubes. Si l'enfant a l'âge de couper sur une planche, laissez-le faire. Sinon, faites-le vous-même.

Étape 2

Disposez le fromage sur la table. Choisissez de préférence un fromage qui a peu de goût et qui ne masquera pas le goût des pains. Prenez aussi en compte les goûts de l'enfant.

Étape 3

Faites goûter chaque pain à l'enfant en lui faisant remarquer le goût, la texture, la mie plus ou moins serrée et la croûte plus ou moins croustillante.

Conseil

Profitez de cette occasion pour mieux connaître les goûts de votre enfant, et pour le laisser les exprimer avec des mots.

CRÉATURES ÉPHÉMÈRES

Activité manuelle

Les dessins de l'enfant sembleront prendre vie.

Matériel à préparer

- 1 grand plat à four (lèchefrite) recouvert de papier d'aluminium
- Des marqueurs pour tableau blanc
- De l'eau

Étape 1

Proposez à l'enfant de dessiner toutes sortes de petites créatures au milieu du papier d'aluminium. L'idéal, c'est que leur corps soit assez compact et qu'elles aient quelques pattes, comme des araignées par exemple.

Étape 2

Quand il a fini, vous versez tout doucement de l'eau sur le côté du plat (en évitant de verser directement sur les dessins). Les créatures vont se décoller du fond et flotter en semblant du coup prendre vie. En soufflant dessus, on les fait avancer.

Conseil

Attention, dès que l'enfant va vouloir y toucher, elles vont se désagréger.

NOVEMBRE

Lundi 11

St Martin de Tours **Férié**

Armistice de 1918

Mardi 12

St Christian

Mercredi 13

St Brice

Jeudi 14

St Sidoine

Vendredi 15

St Albert

Samedi 16

Ste Marguerite

Dimanche 17

Ste Élisabeth

Retrouvez 2 activités pour les enfants au verso →

Novembre 2024

L	M	M	J	V	S	D
				1	2	3
4	5	6	7	8	9	10
11	12	13	14	15	16	17
18	19	20	21	22	23	24
25	26	27	28	29	30	

Décembre 2024

L	M	M	J	V	S	D
						1
2	3	4	5	6	7	8
9	10	11	12	13	14	15
16	17	18	19	20	21	22
23	24	25	26	27	28	29
30	31					

MATHS EN BRIQUES

Tout est prétexte à travailler les maths, même les jeux de construction ! C'est en particulier très pratique pour travailler les fractions.

Activité intellectuelle

Matériel à préparer

- 1 assortiment de briques de Lego
- 1 grande fiche bristol

Étape 1

Choisissez une brique avec 8 picots : elle va représenter l'unité. Vous la posez sur la fiche bristol en écrivant un grand 1.

Étape 2

Mettez devant l'enfant des briques à 4 picots. Demandez-lui combien il en faut pour reconstituer la brique de départ. Quand il a dit « 2 », vous posez une des briques et écrivez en face « ½ ». Faites de même avec des briques de 2 picots et d'1 seul. Et à chaque fois, inscrivez en face la fraction qui correspond.

Conseil

Faites faire à l'enfant des additions et des soustractions de fractions quand il a bien compris le principe. ½-¼, etc. Il pourra même déduire la valeur d'une brique de 6 (¾) en ajoutant une brique d'½ et une d'¼, en remplaçant ½ par deux briques d'¼. Variez les exercices et laissez l'enfant jouer et empiler à sa guise entre les activités plus intellectuelles.

PRENDS LA POSE !

Activité physique

Copier et reproduire : les enfants adorent !

Matériel à préparer

- Des fiches bristol
- 1 marqueur

Étape 1

Préparez des fiches très simples sur lesquelles vous représentez un petit personnage : un rond pour la tête et des traits pour le corps et les 4 membres. Représentez une posture : par exemple, les jambes serrées et les bras écartés en V au-dessus de la tête, ou bien les jambes écartées et les deux bras en cercle au-dessus de la tête, etc. Vous pouvez ainsi préparer une bonne quinzaine de postures différentes, bras pliés ou tendus, etc.

Étape 2

Vous montrez une des fiches à l'enfant et il doit très vite prendre la pose qui est indiquée.

Conseil

Vous pouvez faire jouer plusieurs enfants en même temps, mais faites attention à ne pas en mettre un en difficulté s'il coordonne moins bien ses mouvements que les autres.

NOVEMBRE

Lundi 18
Ste Aude

Mardi 19
St Tanguy

Mercredi 20
St Edmond / Journée internationale des droits de l'enfant

Jeudi 21
St Rufus / Présentation de la Vierge Marie

Vendredi 22
Ste Cécile

Samedi 23
St Clément

Dimanche 24
Ste Flora

Retrouvez 2 activités pour les enfants au verso

Novembre 2024

L	M	M	J	V	S	D
				1	2	3
4	5	6	7	8	9	10
11	12	13	14	15	16	17
18	19	20	21	22	23	24
25	26	27	28	29	30	

Décembre 2024

L	M	M	J	V	S	D
						1
2	3	4	5	6	7	8
9	10	11	12	13	14	15
16	17	18	19	20	21	22
23	24	25	26	27	28	29
30	31					

COCKTAIL MAGIQUE

Activité culinaire

Plus un liquide est sucré, plus il est dense. C'est une petite expérience amusante à réaliser, mais qui demande du soin. Avec un enfant jeune, c'est vous qui agirez comme un prestidigitateur.

Matériel à préparer pour 4 personnes

- Du sirop de grenadine
- 1 jus de fruit épais, abricot ou banane par exemple
- Du lait frais
- 1 grand verre haut et transparent

Étape 1

Versez les ingrédients délicatement en inclinant un peu le verre pour faire glisser les liquides le long de la paroi : d'abord le sirop, puis le jus et enfin le lait.

Étape 2

Dans un premier temps, faites remarquer à l'enfant qu'il y a trois couches bien différentes qui ne se mélangent pas.

Étape 3

Avec une cuillère, mélangez. Le cocktail peut être bu !

Conseil

Entraînez-vous à l'avance pour que les couches restent bien séparées ou bien aidez-vous d'une seringue.

GUIRLANDES À DÉCOUPER

Activité manuelle

Ce découpage va étonner l'enfant et lui faire voir comment il peut, à partir d'une simple feuille de papier A4, réaliser une guirlande d'environ 1,50 m.

Matériel à préparer

- Des feuilles de couleur de format A4
- Des ciseaux
- Du scotch

Étape 1

Prenez une feuille et pliez-la dans le sens de la longueur. Avec les ciseaux, faites couper à l'enfant, à intervalles réguliers d'environ 3 cm, des bandes perpendiculaires à la pliure, mais sans aller jusqu'au bout. Laissez environ 2 cm.

Étape 2

Prenez ensuite le papier dans l'autre sens et, dans les intervalles, faites faire les mêmes découpes, là encore sans aller jusqu'au bout.

Étape 3

Quand l'enfant déplie le papier, il obtient une belle guirlande, qu'il peut fixer au mur avec du scotch.

Conseil

Si la guirlande n'est pas assez longue, il suffit d'en coller plusieurs bout à bout.

Lundi 25

Ste Catherine

Mardi 26

Ste Delphine

Mercredi 27

St Séverin

Jeudi 28

St Jacques de la Marche / Thanksgiving (États-Unis)

Vendredi 29

St Saturnin

Samedi 30

St André

Dimanche 1

Ste Florence / Journée mondiale de la lutte contre le sida / Avent

Retrouvez 2 activités pour les enfants au verso

Novembre 2024

L	M	M	J	V	S	D
				1	2	3
4	5	6	7	8	9	10
11	12	13	14	15	16	17
18	19	20	21	22	23	24
25	26	27	28	29	30	

Décembre 2024

L	M	M	J	V	S	D
						1
2	3	4	5	6	7	8
9	10	11	12	13	14	15
16	17	18	19	20	21	22
23	24	25	26	27	28	29
30	31					

REPLI COMPLET

Activité physique

Cette posture sur une chaise s'apparente à du yoga. Elle insiste bien sur la respiration et sur l'installation dans la posture en relâchant les muscles.

Matériel à préparer

- 2 chaises

Étape 1

Asseyez-vous en face de votre enfant, chacun sur une chaise. Montrez le mouvement à l'enfant, qui le fait ensuite en même temps que vous.

Étape 2

Tenez-vous assis sur la chaise, les jambes écartées à la largeur des épaules.

Étape 3

Croisez vos bras et essayez de descendre le plus bas possible vers le sol entre vos deux genoux.

Étape 4

Une fois que vous avez atteint votre limite, gardez la position pendant 20 secondes, puis revenez à votre position de départ.

Conseil

Faites constater à l'enfant qu'en gardant la posture et en respirant profondément, on peut descendre de plus en plus bas, sans effort, en relâchant les muscles.

PLUIE DE COULEURS

Activité intellectuelle

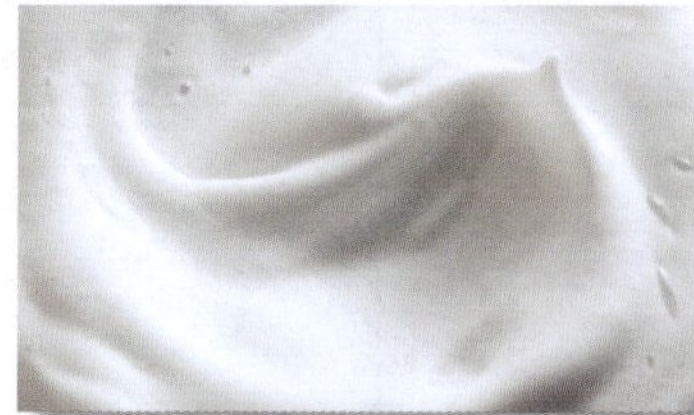

Voici une petite expérience de physique spectaculaire et sans danger.

Matériel à préparer

- 1 saladier transparent
- 1 bombe de mousse à raser
- Des tubes de colorants alimentaires
- De l'eau

Étape 1

Versez de l'eau dans le saladier. Disposez de la mousse à raser sur toute la surface de l'eau. Faites remarquer à l'enfant que la mousse est plus légère que l'eau et qu'elle flotte.

Étape 2

Donnez un tube de colorant à l'enfant pour qu'il en dépose quelques gouttes à la surface de la mousse. Si vous avez plusieurs couleurs, faites-lui répéter l'opération.

Étape 3

Il ne reste plus qu'à attendre quelques instants que le colorant, plus lourd que la mousse et plus lourd que l'eau, traverse la couche blanche et se répande doucement dans l'eau.

DÉCEMBRE

Lundi 2
Ste Viviane / Journée internationale pour l'abolition de l'esclavage

Mardi 3
St Xavier

Mercredi 4
Ste Barbara

Jeudi 5
St Gérald

Vendredi 6
St Nicolas

Samedi 7
St Ambroise

Dimanche 8
St Hildeman / Immaculée Conception

Retrouvez 2 activités pour les enfants au verso →

Décembre 2024

L	M	M	J	V	S	D
						1
2	3	4	5	6	7	8
9	10	11	12	13	14	15
16	17	18	19	20	21	22
23	24	25	26	27	28	29
30	31					

Janvier 2025

L	M	M	J	V	S	D
		1	2	3	4	5
6	7	8	9	10	11	12
13	14	15	16	17	18	19
20	21	22	23	24	25	26
27	28	29	30	31		

CROCODILE APÉRO

Activité culinaire

Les enfants adorent les plats décorés et ils mangeront d'autant plus facilement qu'ils pourront se raconter des histoires.

Matériel à préparer pour 4 personnes

- 1 beau concombre
- Des morceaux de carotte
- 2 olives noires
- 2 billes de mozzarella
- 1 grand plat de service
- Des petites piques à brochettes

Étape 1

Incisez le bout le plus étroit du concombre dans la longueur sur une dizaine de centimètres. Avec un couteau bien aiguisé, découpez des petites dents dans les bords. Taillez la langue dans un morceau de carotte et glissez-le dans la gueule du crocodile. Recoupez le concombre pour qu'il soit plat et qu'il tienne bien sur le plat de service.

Étape 2

Pendant ce temps, faites réaliser à votre enfant des petites brochettes à son goût. Il peut par exemple utiliser des tomates cerises, des grains de raisin, des cubes de fromage et de jambon, etc.

Étape 3

L'enfant pique ensuite les brochettes sur tout le dos du crocodile. Avec 2 billes de mozzarella et 2 olives noires, ajoutez des yeux à votre crocodile !

VIVENT LES FANIONS !

Activité manuelle

Cette activité de découpage et collage est à la portée des plus petits. Ils doivent pouvoir tout réaliser. C'est l'occasion de montrer la forme du triangle et de leur demander de la précision dans le collage.

Matériel à préparer

- Du papier de toutes les couleurs
- 1 grande ficelle
- Des ciseaux
- 1 bâton de colle

Étape 1

Montrez à l'enfant comment découper des triangles de même taille dans les différents papiers de couleur.

Étape 2

Posez la moitié des triangles sur la table, tous une pointe vers le bas. Posez la ficelle dessus, un peu en dessous de la ligne du haut des triangles.

Étape 3

Prenez les triangles mis de côté. Sur chaque triangle posé sur la table, l'enfant va coller un autre triangle en enfermant la ficelle entre les deux épaisseurs de papier. Et voilà une guirlande de fanions multicolores !

DÉCEMBRE

Lundi 9
St Pierre Fourier

Mardi 10
St Romaric / Journée internationale des droits de l'homme

Mercredi 11
St Daniel

Jeudi 12
St Corentin

Vendredi 13
Ste Lucie

Samedi 14
Ste Odile

Dimanche 15
Ste Ninon

Retrouvez 2 activités pour les enfants au verso →

Décembre 2024

L	M	M	J	V	S	D
						1
2	3	4	5	6	7	8
9	10	11	12	13	14	15
16	17	18	19	20	21	22
23	24	25	26	27	28	29
30	31					

Janvier 2025

L	M	M	J	V	S	D
		1	2	3	4	5
6	7	8	9	10	11	12
13	14	15	16	17	18	19
20	21	22	23	24	25	26
27	28	29	30	31		

LES BONS COMPTES FONT LES BONS BOUCHONS

Activité intellectuelle

Motricité fine et dénombrement sont les bases de cette activité.

Matériel à préparer

- Plusieurs bouteilles en plastique vides, de tailles différentes, avec leurs bouchons
- Des haricots, des lentilles, des pois chiches et autres graines
- 1 marqueur
- Un peu de scotch

Étape 1

Préparez le matériel : assurez-vous d'abord qu'un seul bouchon va sur une seule bouteille pour qu'il n'y ait pas de confusion. Dans chaque bouteille, mettez un type de graine différent et dans un nombre lui aussi différent. Inscrivez sur le bouchon le nombre de graines qui est dans la bouteille et collez une graine avec un petit bout de scotch sur le bouchon. Mettez les bouchons de côté.

Étape 2

Donnez à l'enfant les bouteilles non bouchées. Il doit sortir le contenu d'une bouteille, y remettre les graines une à une en les comptant, puis, en bouchant la bouteille avec le bon bouchon, il vérifie qu'il a bien compté les graines grâce au nombre qui est inscrit dessus.

Conseil

Si l'enfant veut refaire une partie, videz toutes les bouteilles sur la table. L'enfant va devoir d'abord trier les graines et retrouver dans quelle bouteille elles vont. Cela corsera un peu l'activité.

EN L'AIR !

Activité physique

Un ballon de baudruche met du temps à retomber quand on le lance. Cela laisse le temps d'imaginer des gages à accomplir…

Matériel à préparer

- 1 ballon de baudruche
- 1 boîte à chaussures
- Des petits objets

Étape 1

Gonflez le ballon. L'enfant s'assied par terre, avec la boîte à chaussures devant lui et des petits objets dispersés autour.

Étape 2

L'enfant prend le ballon et le lance en l'air. Pendant que ce dernier retombe, l'enfant doit placer le maximum d'objets dans la boîte sans que le ballon ne touche le sol. Il a le droit de lui redonner un petit coup vers le haut pour le faire repartir.

Conseil

Vous pouvez imaginer toutes sortes de gages à réaliser, par exemple avec les pièces d'un jeu de construction.

DÉCEMBRE

Lundi 16

Ste Alice

Mardi 17

St Gaël

Mercredi 18

St Gatien

Jeudi 19

St Urbain

Vendredi 20

St Théophile

Samedi 21

St Pierre Canisius / Hiver

Début des vacances scolaires

Dimanche 22

Ste Françoise-Xavière

Retrouvez 2 activités pour les enfants au verso →

Décembre 2024

L	M	M	J	V	S	D
						1
2	3	4	5	6	7	8
9	10	11	12	13	14	15
16	17	18	19	20	21	22
23	24	25	26	27	28	29
30	31					

Janvier 2025

L	M	M	J	V	S	D
		1	2	3	4	5
6	7	8	9	10	11	12
13	14	15	16	17	18	19
20	21	22	23	24	25	26
27	28	29	30	31		

AMANITES À CROQUER

Activité culinaire

Tout ce qui est coloré attire les enfants. Au moins ces amanites-là peuvent être dégustées !

Matériel à préparer

- Des œufs durs
- De la mayonnaise
- Des tomates cerises
- 1 cuillère d'huile
- 1 bol
- 1 plat de service

Étape 1

Coupez les œufs durs aux ¾ de leur hauteur. Recoupez légèrement en dessous pour qu'ils tiennent droit et posez-les sur votre plat de service.

Étape 2

Avec une petite cuillère, retirez délicatement les jaunes et mettez-les dans un bol avec la mayonnaise. Écrasez pour obtenir une mixture, que vous remettez dans les œufs.

Étape 3

Coupez les tomates cerises en deux et creusez-les un peu pour pouvoir les poser comme les chapeaux des amanites que vous êtes en train de réaliser.

Étape 4

Coupez en tout petits morceaux les restes de blanc d'œuf. Avec le doigt, passez un peu d'huile sur les demi-tomates cerises pour faire adhérer les bouts d'œuf qui constelleront les chapeaux.

Conseil

Selon l'âge de l'enfant, réalisez vous-même les étapes les plus délicates.

SLIME MANGEABLE

Activité manuelle

Les enfants aiment malaxer les « slimes », ces pâtes un peu gluantes qui prennent toutes les formes. Mais pour les plus petits, il faut faire attention qu'ils n'en ingèrent pas. Avec cette recette, aucun risque, même si ça n'est pas très bon !

Matériel à préparer

- 1 saladier
- 1 tasse de Maïzena
- 1 cuillère à soupe de cacao
- 1 tasse de lait de coco chaud

Étape 1

Dans un saladier, mélangez bien la Maïzena avec le cacao. Ajoutez le lait de coco chaud.

Étape 2

Remuez d'abord avec une cuillère, puis malaxez bien avec les mains. Vous allez obtenir la consistance d'un slime, mais qui ne sera pas toxique.

2024

DÉCEMBRE

Semaine 52

Lundi 23
St Armand

Mardi 24
Ste Adèle

Mercredi 25
St Emmanuel / Noël / Hanoucca **Férié**

Jeudi 26
St Étienne

Vendredi 27
St Jean

Samedi 28
Sts Innocents

Dimanche 29
St David

Retrouvez 2 activités pour les enfants au verso →

Décembre 2024

L	M	M	J	V	S	D
						1
2	3	4	5	6	7	8
9	10	11	12	13	14	15
16	17	18	19	20	21	22
23	24	25	26	27	28	29
30	31					

Janvier 2025

L	M	M	J	V	S	D
		1	2	3	4	5
6	7	8	9	10	11	12
13	14	15	16	17	18	19
20	21	22	23	24	25	26
27	28	29	30	31		

CONCOURS D'AVIONS EN PAPIER

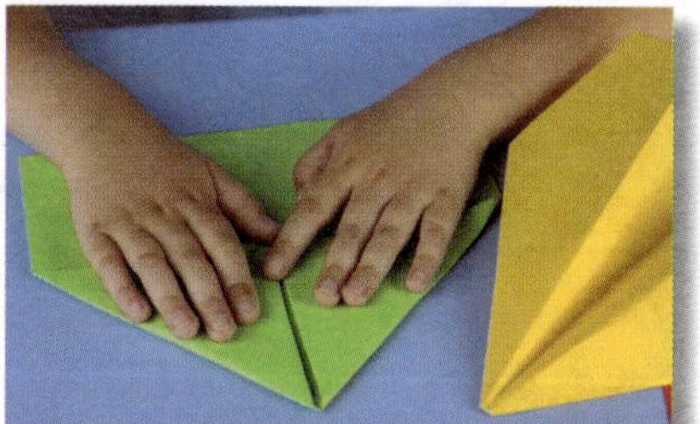

Une activité qui requiert un peu d'adresse et qui fera réfléchir les plus grands.

Activité physique

Matériel à préparer

- 1 grande feuille de papier et du scotch
- Des feuilles de papier plus petites, de couleur si possible
- Des ciseaux

Étape 1

Dans la grande feuille de papier, réalisez une cible en découpant des cercles de différentes tailles, assez grands pour que le jeu ne soit pas trop difficile.

Étape 2

Faites réaliser à l'enfant des avions en papier tout simples dans les feuilles de couleur.

Étape 3

Collez le haut de la cible en haut d'une embrasure de porte par exemple, pour qu'elle reste accessible à l'enfant.

Conseils

Pour un enfant un peu plus âgé, vous pouvez mettre un chiffre sous chaque trou : 10, 20, etc. Placez le plus petit chiffre sous le trou le plus grand : il correspond au score obtenu quand on fait passer son avion en papier dans le trou. Plus le trou est petit, plus le score est grand !
Vous pouvez également faire remarquer à votre enfant que plus le cercle est large, plus il est facile d'y faire rentrer l'avion. Faites-le classer les cercles selon leur taille.

UN SON, UNE COULEUR

Activité intellectuelle

Cette activité de tri est facilitée parce que l'enfant s'appuie à la fois sur les formes et les couleurs.

Matériel à préparer

- 4 verres à moutarde ou qui ne sont pas fragiles
- 1 petite cuillère
- 4 gommettes de couleurs différentes
- De l'eau

Étape 1

Collez une gommette sur chaque verre.
Remplissez les 4 verres à des niveaux différents.

Étape 2

Demandez à l'enfant de prendre la petite cuillère et de taper avec le manche d'un petit coup sec (mais pas fort !) sur les verres. Faites-lui constater que chaque verre émet un son différent et repérer le son qui correspond à chaque couleur de gommette.

Conseil

Vous pouvez compliquer la tâche en demandant à l'enfant de fermer les yeux. Puis vous tapez sur un verre et vous lui demandez quelle est la couleur du verre qui émet ce son.

DÉCEMBRE / JANVIER

Lundi 30
St Roger

Mardi 31
St Sylvestre

Mercredi 1
Jour de l'An **Férié**

Jeudi 2
St Basile

Vendredi 3
Ste Geneviève

Samedi 4
St Odilon

Dimanche 5
St Édouard

Retrouvez 2 activités pour les enfants au verso →

Décembre 2024

L	M	M	J	V	S	D
						1
2	3	4	5	6	7	8
9	10	11	12	13	14	15
16	17	18	19	20	21	22
23	24	25	26	27	28	29
30	31					

Janvier 2025

L	M	M	J	V	S	D
		1	2	3	4	5
6	7	8	9	10	11	12
13	14	15	16	17	18	19
20	21	22	23	24	25	26
27	28	29	30	31		

COT COT CODEC !

Activité culinaire

Une poule et ses poussins à partir d'œufs durs… ce n'est qu'un juste retour des choses et ça amusera vos enfants à coup sûr !

Matériel à préparer

- Des œufs durs dont vous aurez enlevé la coquille
- Des olives noires
- 1 carotte
- De la mayonnaise
- 1 planche
- 1 plat de service

Étape 1

Prenez votre planche et coupez dans la carotte une tranche en biais, assez fine. Découpez dedans la forme d'une crête de poule et un morceau pointu en forme de bec. Faites-en autant que de poules que vous voulez réaliser. Découpez aussi un bec par poussin.

Étape 2

Posez un œuf à plat dans 1 plat de service et coupez un peu le dessous pour qu'il ne roule pas. Faites une incision à l'avant pour glisser le bec et sur le dessus pour la crête. Ajoutez deux yeux réalisés avec deux petits morceaux d'olive. Vous avez votre poule !

Étape 3

Pour faire le poussin, coupez un œuf dur en deux, retirez délicatement le jaune et écrasez-le avec de la mayonnaise. Posez l'œuf debout, au besoin en le recoupant un peu en dessous pour le stabiliser. Remettez la mixture dans l'œuf et posez l'autre moitié dessus sans enfoncer. Dans l'intervalle, entre les deux, placez deux olives pour faire les yeux, et un petit bec de carotte. Voilà le poussin dans sa coquille !

SOLEIL MULTICOLORE

Activité manuelle

Cette activité permet d'explorer les couleurs tout en travaillant sa motricité fine.

Matériel à préparer

- 1 gobelet en carton blanc
- Des feutres de toutes les couleurs
- Des ciseaux
- De la colle

Étape 1

L'enfant va découper des bandes fines dans le gobelet, depuis le bord jusqu'au fond. Attention, il faut couper bien droit ! Vous adapterez la largeur des bandes à la dextérité de l'enfant.

Étape 2

L'enfant peut alors étaler les bandes autour du fond du gobelet et les colorier. Vous pouvez le laisser choisir les couleurs ou bien essayer de lui faire retrouver l'ordre de l'arc-en-ciel.

Étape 3

L'enfant va ensuite dessiner un visage sur le fond et, en s'aidant d'un crayon, peut rouler sur lui-même le bout de chaque bande sur quelques centimètres. Il peut ensuite coller la réalisation sur un petit carton pour la conserver.

Lundi 6
St Mélaine / Épiphanie

Fin des vacances scolaires

Mardi 7
St Raymond

Mercredi 8
St Lucien

Jeudi 9
Ste Alix

Vendredi 10
St Guillaume

Samedi 11
St Paulin

Dimanche 12
Ste Tatiana

Retrouvez 2 activités pour les enfants au verso →

Janvier 2025

L	M	M	J	V	S	D
		1	2	3	4	5
6	7	8	9	10	11	12
13	14	15	16	17	18	19
20	21	22	23	24	25	26
27	28	29	30	31		

Février 2025

L	M	M	J	V	S	D
					1	2
3	4	5	6	7	8	9
10	11	12	13	14	15	16
17	18	19	20	21	22	23
24	25	26	27	28		

DES BRANCHES FAMILIALES

Activité intellectuelle

Ce n'est pas toujours facile de se repérer dans une famille, simple ou recomposée ! Comment comprendre les liens de parenté ?

Matériel à préparer

- Des grandes feuilles A3
- Des feutres de couleur

Étape 1

Prenez une grande feuille de papier A3 et demandez à l'enfant de dessiner un tronc sur lequel il va inscrire son nom. Il va ensuite dessiner un étage de branches par génération.

Étape 2

L'enfant va ainsi, avec votre aide, remplir l'arbre avec les noms de tous les gens de la famille qu'il connaît. Vous pouvez lui apprendre quels sont ses liens avec eux, y compris des gens qui ont hélas disparu et qu'il pourra placer.

Conseil

Vous pouvez ensuite l'aider à recopier son arbre au propre, en ajoutant par exemple des photos, pour mieux mémoriser qui est qui.

ACCROCHE LES BALLONS

Activité physique

Cette activité demande à votre enfant de se concentrer et de sauter. Un petit moment pour canaliser son énergie.

Matériel à préparer

- 1 rouleau de scotch large
- Des ballons de baudruche

Étape 1

Faites gonfler des ballons de baudruche par l'enfant. Pendant ce temps, tendez du scotch entre les deux côtés d'une porte, de telle sorte que la bande collante soit vers vous et qu'elle arrive à une hauteur que l'enfant pourra atteindre en sautant.

Étape 2

L'enfant prend les ballons un par un et saute pour les coller sur le scotch.

Conseil

Adaptez la hauteur à votre enfant et aidez-le, si besoin est, à atteindre le scotch.

2025

JANVIER

Semaine 3

Lundi 13
Ste Yvette

Mardi 14
Ste Nina

Mercredi 15
St Rémi

Jeudi 16
St Marcel

Vendredi 17
Ste Roseline

Samedi 18
Ste Prisca

Dimanche 19
St Marius

Retrouvez 2 activités pour les enfants au verso →

Janvier 2025

L	M	M	J	V	S	D
		1	2	3	4	5
6	7	8	9	10	11	12
13	14	15	16	17	18	19
20	21	22	23	24	25	26
27	28	29	30	31		

Février 2025

L	M	M	J	V	S	D
					1	2
3	4	5	6	7	8	9
10	11	12	13	14	15	16
17	18	19	20	21	22	23
24	25	26	27	28		

CROQUETTES AU JAMBON

Activité culinaire

Apprendre aux enfants à utiliser les restes, c'est important. Ils vont pouvoir écraser, malaxer, tremper : même les plus jeunes pourront y trouver leur compte.

Matériel à préparer

- Un reste de purée
- 1 tranche de jambon
- 1 œuf
- 1 cuillère à soupe de fromage blanc
- De la farine
- De la chapelure
- Un peu d'huile
- Du sel et du poivre
- 1 poêle

Étape 1

Faites couper par l'enfant des petits dés de jambon ou des lanières si la tranche est fine. Mélangez le jambon et le fromage blanc, puis assaisonnez.

Étape 2

L'enfant va former des petites boulettes avec la mixture et les aplatir en croquettes.

Étape 3

Mettez dans 3 assiettes creuses différentes l'œuf battu, la farine et la chapelure.

Étape 4

L'enfant va prendre les croquettes une par une et les tremper successivement dans les 3 assiettes.

Étape 5

Faites ensuite frire vous-même les croquettes dans un peu d'huile, en les retournant régulièrement jusqu'à ce qu'elles soient dorées.

ROSACE

Activité manuelle

Voici un jeu de dessin qui demande de la concentration et qui familiarise l'enfant avec un instrument qui lui servira en classe.

Matériel à préparer

- 1 feuille de papier
- 1 compas

Étape 1

Avec le compas, l'enfant va tracer un cercle de son choix. Attention, il ne faut pas qu'il replie le compas, qui doit rester toujours ouvert de la même façon.

Étape 2

L'enfant choisit n'importe quel point à la circonférence du cercle, qui va servir de centre pour un nouvel arc de cercle. Il ne trace que la partie intérieure au cercle de départ. Il pose ensuite la pointe du compas sur l'un des points d'intersection et recommence. Il réalise ainsi une rosace de 6 branches, qu'il peut colorier.

Conseil

Il est possible ensuite de compliquer encore la rosace si l'activité amuse l'enfant.

2025

JANVIER

Semaine 4

Lundi 20
St Sébastien

Mardi 21
Ste Agnès

Mercredi 22
St Vincent

Jeudi 23
St Barnard

Vendredi 24
St François de Sales

Samedi 25
Conversion de saint Paul

Dimanche 26
Ste Paule

Retrouvez 2 activités pour les enfants au verso →

Janvier 2025

L	M	M	J	V	S	D
		1	2	3	4	5
6	7	8	9	10	11	12
13	14	15	16	17	18	19
20	21	22	23	24	25	26
27	28	29	30	31		

Février 2025

L	M	M	J	V	S	D
					1	2
3	4	5	6	7	8	9
10	11	12	13	14	15	16
17	18	19	20	21	22	23
24	25	26	27	28		

PIQUE LES PELUCHES

Activité physique

Cette activité convient à un enfant d'environ 10 kg (à peu près 2 ans).

Matériel à préparer

- 1 drap
- 1 grand carton
- Des peluches

Étape 1

Posez un carton ouvert au sol. Disposez devant les peluches de votre enfant.

Étape 2

Pliez le drap de telle sorte qu'en tenant les coins deux par deux dans chaque main, vous puissiez créer une sorte de balancelle.

Étape 3

Placez l'enfant à plat ventre dans le drap que vous tenez au-dessus des peluches, les bras sortis à l'avant. Balancez doucement l'enfant au-dessus des peluches, qu'il doit récupérer et lancer dans le carton.

Conseil

Il ne faut pas que l'enfant soit trop lourd. Si vous sentez qu'il glisse, posez-le immédiatement au sol. Vous pouvez aussi faire cette activité au-dessus d'un lit ou d'un canapé.

NE RIEN OUBLIER

Activité intellectuelle

Cette activité permet de stimuler la mémoire de l'enfant.

Matériel à préparer

- Toutes sortes de petites figurines ou petits jouets que l'enfant possède.

Étape 1

Vous préparez le jeu en posant en secret sur une table une dizaine de petits jouets (voitures, dés, cartes, dominos, figurines, etc.) ou de petits objets (trombones, clefs, etc.).

Étape 2

Quand tout est prêt, vous appelez l'enfant, qui va regarder attentivement les objets sur la table pendant une minute.

Étape 3

L'enfant se retourne et annonce le maximum d'objets présents sur la table.

Conseil

Vous pouvez en faire une activité d'anniversaire. Les enfants annoncent à tour de rôle un objet qui se trouvait sur la table. On ne peut pas nommer deux fois le même objet. Si le joueur ne peut pas en nommer un ou s'il nomme un objet qui ne s'y trouve pas, il a perdu et sort du jeu. Le dernier joueur en piste a gagné.

JANVIER / FÉVRIER

Lundi 27
Ste Angèle

Mardi 28
St Thomas d'Aquin

Mercredi 29
St Gildas / Nouvel An chinois (année du Serpent)

Jeudi 30
Ste Martine

Vendredi 31
Ste Marcelle

Samedi 1
Ste Ella

Dimanche 2
St Théophane / Chandeleur

Retrouvez 2 activités pour les enfants au verso →

Janvier 2025

L	M	M	J	V	S	D
		1	2	3	4	5
6	7	8	9	10	11	12
13	14	15	16	17	18	19
20	21	22	23	24	25	26
27	28	29	30	31		

Février 2025

L	M	M	J	V	S	D
					1	2
3	4	5	6	7	8	9
10	11	12	13	14	15	16
17	18	19	20	21	22	23
24	25	26	27	28		

ÉMOTICÔNES PATATES

Tout en confectionnant un plat, l'enfant peut explorer ses émotions et les transcrire.

Activité culinaire

Matériel à préparer pour 4 personnes

- 500 g de pommes de terre
- 25 g de chapelure
- 2 cuillères à soupe de Maïzena
- De la farine
- 1 cuillère à café de paprika ou de curcuma (pour la couleur)
- De l'huile de friture
- 1 friteuse

Étape 1

Faites cuire pendant 40 mn les pommes de terre avec leur peau (départ à l'eau froide) et laissez-les refroidir. Appelez votre enfant à ce moment. Il va vous aider à les éplucher, puis les écraser.

Étape 2

Faites ajouter la Maïzena, le paprika ou curcuma, et la chapelure par l'enfant : il va bien tout mélanger.

Étape 3

Sur le plan de travail que vous aurez fariné, étalez la pâte. Découpez des ronds avec un emporte-pièce. L'enfant va creuser deux yeux avec une paille, et un sourire avec le bout d'une cuillère.

Étape 4

Faites frire les émoticônes dans un bain d'huile à 180 °C.

ÉVENTAIL EN PAPIER

Activité manuelle

En confectionnant un petit objet en volume, l'enfant se familiarise avec la symétrie.

Matériel à préparer

- 1 feuille de papier de couleur
- 2 rouleaux de masking tape de différentes couleurs
- 2 bâtonnets abaisse-langue (ou bâtons d'esquimau)
- De la colle

Étape 1

Proposez à l'enfant de coller du masking tape d'une couleur en haut de la feuille et d'une autre couleur en bas.

Étape 2

Tournez la feuille et pliez-la en accordéon dans le sens contraire des lignes de masking tape.

Étape 3

Pliez en deux dans la longueur l'accordéon de papier et collez ensemble les bords qui se rejoignent. Il reste à coller un bâtonnet sur chaque bord extérieur. En rassemblant les bâtonnets, on obtient un joli éventail rond.

FÉVRIER

Lundi 3
St Blaise

Mardi 4
Ste Véronique

Mercredi 5
Ste Agathe

Jeudi 6
St Gaston

Vendredi 7
Ste Eugénie

Samedi 8
Ste Jacqueline

Début des vacances scolaires de la zone B

Dimanche 9
Ste Apolline

Retrouvez 2 activités pour les enfants au verso →

Février 2025

L	M	M	J	V	S	D
					1	2
3	4	5	6	7	8	9
10	11	12	13	14	15	16
17	18	19	20	21	22	23
24	25	26	27	28		

Mars 2025

L	M	M	J	V	S	D
					1	2
3	4	5	6	7	8	9
10	11	12	13	14	15	16
17	18	19	20	21	22	23
24	25	26	27	28	29	30
31						

TRIPATOUILLAGE

Activité intellectuelle

Cette activité à l'aveugle développe le sens du toucher chez l'enfant. Il est plus amusant à partir de deux joueurs.

Matériel à préparer

- 1 petit carton
- Des ciseaux
- De menus objets

Étape 1

Sur l'une des faces du carton, découpez un trou juste suffisant pour pouvoir passer une main. Sur la face opposée, ouvrez complètement le carton. Celui qui joue va donc entrer sa main dans le carton posé sur la table.
Il ne peut pas voir l'intérieur. Les autres participants se mettent en face et peuvent voir tout ce qu'il y a dans le carton et la main du joueur.

Étape 2

Dans un premier temps, le joueur ne regarde pas et les autres disposent dans le carton de petits objets : une clé, un trombone, un clou, un dé à coudre, un ouvre-boîte, un stylo, etc.
Le joueur va ensuite tripoter à l'aveugle les objets pour les reconnaître.

Étape 3

Le joueur a droit à deux erreurs, c'est-à-dire de prendre en main un objet en restant incapable de l'identifier. Après deux erreurs, son tour passe et un autre joueur doit tripoter et deviner !

COMPÉTITION DE BALAIS

Activité physique

Cette activité est un moment de défoulement et de rire qui crée de la complicité entre vous.

Matériel à préparer

- 2 balais de même type, classiques, avec une brosse rectangulaire à poils longs au bout d'un long manche.

Étape 1

Mettez-vous à 2 mètres de l'enfant, dans la cuisine ou dans un couloir, là où vous ne risquez pas de casser quelque chose. Chacun tient un balai.

Étape 2

Quand vous dites « Top », chacun lâche son balai et se précipite sur celui de l'autre pour le rattraper avant que le manche ne touche le sol.

Conseil

Il faut être rapide, mais si on commence à rire, ce qui ne manque pas d'arriver, on perd tous ses moyens !

Lundi 10
St Arnaud

Mardi 11
N.-D. de Lourdes

Mercredi 12
St Félix

Jeudi 13
Ste Béatrice

Vendredi 14
St Valentin / Fête des Amoureux

Samedi 15
St Claude

Début des vacances scolaires de la zone C

Dimanche 16
Ste Julienne

Retrouvez 2 activités pour les enfants au verso →

Février 2025

L	M	M	J	V	S	D
					1	2
3	4	5	6	7	8	9
10	11	12	13	14	15	16
17	18	19	20	21	22	23
24	25	26	27	28		

Mars 2025

L	M	M	J	V	S	D
					1	2
3	4	5	6	7	8	9
10	11	12	13	14	15	16
17	18	19	20	21	22	23
24	25	26	27	28	29	30
31						

UN POUSSIN EST NÉ !

Les plus jeunes adorent les activités où un objet est caché, puis apparaît et disparaît à nouveau. Ils pourront décorer et ensuite jouer.

Activité manuelle

Matériel à préparer

- Du papier jaune
- Du papier blanc
- 1 paille en carton
- Des feutres
- Des ciseaux
- De la colle

Étape 1

Découpez ou faites découper par l'enfant 2 formes ovales dans le papier jaune. Collez-les de part et d'autre de la paille pour qu'on puisse tenir la forme verticalement. L'enfant va la décorer avec des feutres pour en faire un poussin (avec des yeux et un bec).

Étape 2

Découpez ou faites découper par l'enfant 2 formes ovales plus grandes (environ 1 cm de plus tout autour) dans le papier blanc. Découpez aux ⅔ de la hauteur en faisant des crans pour faire comme une coquille cassée. Collez le morceau du haut sur la tête du poussin, devant et derrière, en arrivant au ras de ses yeux.

Étape 3

Collez les bords de l'autre partie de la coquille les uns sur les autres, sauf sur la partie crantée et en laissant une place en bas au milieu sur 1 cm pour pouvoir glisser la paille entre les deux épaisseurs.

Étape 4

Quand l'enfant fera coulisser la paille le long de la coquille, le poussin apparaîtra ou disparaîtra !

Conseil

Sur ce principe et en variant les formes, vous pouvez créer toutes sortes de personnages cachés qui surgissent.

SOUPE FROIDE AU CONCOMBRE

Activité culinaire

Les enfants n'aiment pas toujours les crudités. Mais s'ils ont eux-mêmes préparé une mixture où on ne retrouve plus aucun morceau, ils apprécieront !

Matériel à préparer

- 1 concombre non traité et bien lavé
- ½ litre de lait caillé ou 3 yaourts brassés
- Des glaçons
- Une herbe de votre choix (persil, ciboulette, aneth ou coriandre)
- Du sel et du poivre
- 1 blender ou 1 mixeur plongeant
- Des grands verres

Étape 1

Découpez le concombre en petits morceaux sans l'éplucher pour garder un peu de couleur.

Étape 2

Mettez dans le blender le laitage, les glaçons, puis les dés de concombre et l'herbe coupée. Mixez.

Étape 3

Servez dans des grands verres et consommez rapidement.

Conseil

Si vous n'avez pas de blender, vous pouvez utiliser un mixeur plongeant. Attention dans ce cas aux doigts des enfants !

FÉVRIER

Lundi 17
St Alexis

Mardi 18
Ste Bernadette

Mercredi 19
St Gabin

Jeudi 20
Ste Aimée

Vendredi 21
St Pierre-Damien

Samedi 22
Ste Isabelle

Début des vacances scolaires de la zone A

Dimanche 23
St Lazare

Retrouvez 2 activités pour les enfants au verso →

Février 2025

L	M	M	J	V	S	D
					1	2
3	4	5	6	7	8	9
10	11	12	13	14	15	16
17	18	19	20	21	22	23
24	25	26	27	28		

Mars 2025

L	M	M	J	V	S	D
					1	2
3	4	5	6	7	8	9
10	11	12	13	14	15	16
17	18	19	20	21	22	23
24	25	26	27	28	29	30
31						

GLISSER À LA CORDE

Il n'est pas facile de s'entraîner à monter à la corde à la maison. On peut cependant faire une activité qui y ressemble avec un peu d'imagination.

Activité physique

Matériel à préparer

- 1 corde ou 1 drap
- 1 coussin

Étape 1

Si vous n'avez pas de corde, prenez un drap en diagonale et tordez-le pour faire une sorte de cordage. Étendez la corde sur un sol lisse et un peu glissant. À un bout, posez une chaise ; à l'autre, posez le coussin.

Étape 2

L'enfant se couche sur le dos sur le coussin et prend le bout de la corde. Vous, à l'autre bout, vous vous asseyez et vous saisissez l'autre bout de la corde.

Étape 3

L'enfant va se hisser vers vous par la force des bras en faisant glisser le coussin sur le sol.

Conseil

Si l'enfant est petit ou s'il a du mal, aidez-le un peu en tirant sur la corde.

DOMINO INTRUS

Activité intellectuelle

Tous les jeux de société peuvent donner lieu à de petits exercices. Ici, il s'agit d'observation.

Matériel à préparer

- 1 jeu de dominos

Étape 1

Disposez une douzaine de dominos sur la table, dans le désordre et sans les aligner. Demandez à l'enfant de bien les regarder pendant une bonne minute.

Étape 2

Demandez à l'enfant de fermer les yeux et ajoutez un treizième domino, en déplaçant les dominos déjà sur la table.

Étape 3

L'enfant rouvre les yeux et doit trouver le domino qui a été ajouté.

Conseil

Vous pouvez en faire une animation pour un anniversaire. Asseyez-vous en cercle avec les enfants autour d'une table de manière à ce que tout le monde puisse bien voir ce qu'il y a dessus. Vous ferez les mêmes étapes et quand ils rouvriront les yeux, le vainqueur sera celui qui désignera en premier le 13e domino.

FÉVRIER / MARS

Lundi 24

St Modeste

Fin des vacances scolaires de la zone B

Mardi 25

St Roméo

Mercredi 26

St Nestor

Jeudi 27

Ste Honorine

Vendredi 28

St Romain / Début du ramadan

Samedi 1

St Aubin

Dimanche 2

St Charles le Bon / Fête des Grands-Mères

Retrouvez 2 activités pour les enfants au verso →

Février 2025

L	M	M	J	V	S	D
					1	2
3	4	5	6	7	8	9
10	11	12	13	14	15	16
17	18	19	20	21	22	23
24	25	26	27	28		

Mars 2025

L	M	M	J	V	S	D
					1	2
3	4	5	6	7	8	9
10	11	12	13	14	15	16
17	18	19	20	21	22	23
24	25	26	27	28	29	30
31						

LASAGNES

L'enfant pourra pratiquement tout faire seul, sauf la cuisson au four, évidemment ! Cette recette est avant tout de l'assemblage.

Activité culinaire

Matériel à préparer pour 4 personnes

- 1 paquet de lasagnes
- 1 bol de sauce bolognaise
- 1 bol de sauce béchamel
- De la mozzarella
- Du parmesan râpé
- 1 plat à gratin
- Du papier cuisson

Étape 1

Préchauffez le four à 200 °C (th. 6,5). Tapissez de papier cuisson un plat à gratin.

Étape 2

L'enfant va verser successivement des couches dans le plat : d'abord de la béchamel, puis des bandes de lasagnes, puis de la sauce bolognaise, puis des lasagnes, puis de la béchamel, et ainsi de suite.

Étape 3

Saupoudrez le plat de mozzarella et mettez au four pour 40 mn. Servez avec du parmesan râpé, dont chacun se servira librement.

Conseils

Vous pouvez bien entendu confectionner vous-même les sauces, mais vous pouvez aussi en acheter toutes prêtes de bonne qualité.

Pour ne pas avoir à précuire les bandes de lasagnes, il faut que les sauces soient assez liquides : ce sont elles qui vont cuire les pâtes.

N'hésitez pas à allonger un peu les sauces avec du coulis de tomates pour l'une, de la crème liquide pour l'autre.

IMPRESSIONS ÉLASTIQUES

Cette activité permet de créer des tampons géométriques variés.

Activité manuelle

Matériel à préparer

- Des grandes feuilles de papier blanc
- 1 petite boîte vide (boîte d'allumettes, de médicaments, de cigarettes)
- De la peinture
- Des élastiques

Étape 1

Prenez la petite boîte et passez des élastiques autour, plus ou moins nombreux ou rapprochés les uns des autres. Vous pouvez même les croiser.

Étape 2

Mettez de la peinture dans un récipient plat. L'enfant va tremper délicatement la boîte dans la peinture, de telle sorte que seuls les élastiques soient colorés.

Étape 3

L'enfant va presser le tampon improvisé sur le papier autant de fois qu'il le pourra et remettra ensuite de la peinture.

Conseil

Plus les élastiques sont gros, plus c'est facile pour l'enfant de ne pas tremper la boîte dans la peinture !

MARS

Lundi 3
St Guénolé

Fin des vacances scolaires de la zone C

Mardi 4
St Casimir / Mardi gras

Mercredi 5
Ste Olive / Cendres

Jeudi 6
Ste Colette

Vendredi 7
Ste Félicité

Samedi 8
St Jean de Dieu / Journée internationale des droits des femmes

Dimanche 9
Ste Françoise / 1er dimanche de carême

Retrouvez 2 activités pour les enfants au verso →

Mars 2025

L	M	M	J	V	S	D
					1	2
3	4	5	6	7	8	9
10	11	12	13	14	15	16
17	18	19	20	21	22	23
24	25	26	27	28	29	30
31						

Avril 2025

L	M	M	J	V	S	D
	1	2	3	4	5	6
7	8	9	10	11	12	13
14	15	16	17	18	19	20
21	22	23	24	25	26	27
28	29	30				

LES ÂGES DE LA VIE

Activité intellectuelle

Cette activité permet à l'enfant de prendre conscience des liens familiaux, mais aussi du déroulement de l'existence humaine depuis la naissance.

Matériel à préparer

- 1 album photo de famille
- 1 scanner et une imprimante, ou bien une photocopieuse
- Des fiches bristol
- Des ciseaux
- De la colle

Étape 1

Vous devez préparer l'activité en reproduisant des photos sur lesquelles on peut voir des membres de la famille à toutes les époques de leur vie. Au besoin, agrandissez les photos pour retenir essentiellement les visages.

Étape 2

Demandez à l'enfant de découper et coller les visages sur les fiches bristol. Il aura ainsi par exemple son papa à sa naissance, en train de prendre son bain, puis à l'école, puis une fois adulte. Incitez-le à jouer avec les cartes en les mélangeant, en les remettant dans l'ordre, en recherchant les dates qui correspondent aux photos. Il pourra classer toutes les photos chronologiquement et mieux comprendre la succession des générations dans une famille.

COURSE EN SAC

Activité physique

Cette activité est une variante de la course en sac. Elle demande de la concentration pour mesurer son saut et de la coordination de mouvements pour respecter les consignes.

Matériel à préparer

- 1 sac genre cabas pour les courses
- 1 ruban de masking tape
- Des petites peluches ou des balles

Étape 1

Tracez sur le sol un parcours avec le ruban. Disposez sur le tracé, à intervalles réguliers, des petits jouets, peluches ou balles.

Étape 2

L'enfant entre dans le sac et tient les deux anses. Il va sauter tout le long du tracé en s'arrêtant devant chaque objet. Il doit le saisir et le mettre dans le sac, puis reprendre les anses pour poursuivre sa course.

Conseil

Les petits jouets doivent être doux au toucher pour ne pas blesser l'enfant quand ils sont dans le sac.

Lundi 10
St Vivien

Fin des vacances scolaires de la zone A

Mardi 11
Ste Rosine

Mercredi 12
Ste Justine

Jeudi 13
St Rodrigue / Pourim

Vendredi 14
Ste Mathilde

Samedi 15
Ste Louise

Dimanche 16
Ste Bénédicte

Retrouvez 2 activités pour les enfants au verso →

Mars 2025

L	M	M	J	V	S	D
					1	2
3	4	5	6	7	8	9
10	11	12	13	14	15	16
17	18	19	20	21	22	23
24	25	26	27	28	29	30
31						

Avril 2025

L	M	M	J	V	S	D
	1	2	3	4	5	6
7	8	9	10	11	12	13
14	15	16	17	18	19	20
21	22	23	24	25	26	27
28	29	30				

ET HOP ! JE ME RÉVEILLE

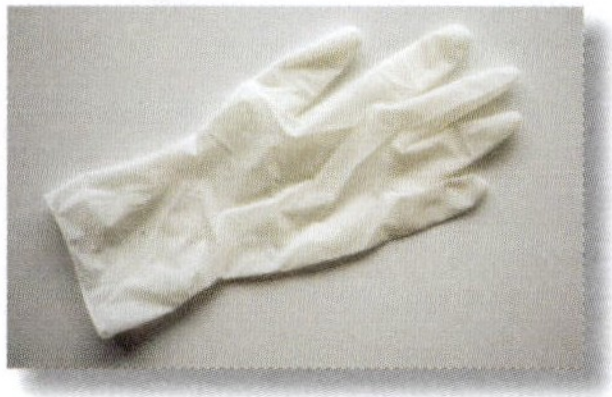

Cette activité met en jeu un peu de bricolage pour les plus habiles. Les plus jeunes se contenteront de décorer et de découvrir l'animation finale.

Activité manuelle

Matériel à préparer

- 1 gant en plastique très fin
- 1 gobelet en carton
- Des gommettes
- 1 élastique
- Du scotch
- 1 paille

Étape 1

Donnez le gant à l'enfant : il le pose devant lui et le décore avec les gommettes pour créer un petit personnage.

Étape 2

Suivant la dextérité de l'enfant, laissez-le faire le montage ou bien faites-le vous-même. Il faut ajuster le gant sur l'ouverture du gobelet et le fixer avec un élastique. Collez le bord avec le scotch. Faites un trou dans le bas du gobelet, passez un bout de la paille dans le trou et fixez-la avec le scotch. Le gant doit être bien dégonflé.

Étape 3

Donnez la paille à l'enfant : dès qu'il souffle dedans, le gant se gonfle et le personnage se réveille ! S'il ne souffle plus, le gant retombe.

Conseil

Plus le gant est fin, plus ce sera facile pour l'enfant. Les gants jetables à usage unique sont préférables à ceux en latex.

TRESSE AU CHOCOLAT

L'enfant sera fier d'avoir réalisé un dessert original et très beau visuellement.

Activité culinaire

Matériel à préparer pour 4 personnes

- 1 plaque de pâte feuilletée
- 1 tablette de chocolat
- 1 jaune d'œuf

Étape 1

Préchauffez le four à 180 °C (th. 6). Étalez la pâte sur son papier cuisson et découpez-y le plus grand rectangle possible si elle est ronde. Vous pouvez faire remarquer à l'enfant que les formes géométriques tiennent les unes dans les autres.

Étape 2

Posez la tablette de chocolat sur la pâte en l'alignant sur l'un des bords.

Étape 3

Avec un couteau, découpez un peu en biais des bandes de pâte d'environ 2 cm de large de part et d'autre de la tablette, sans les détacher.

Étape 4

L'enfant va replier alternativement les bandes de pâte sur la tablette, une à droite, puis une à gauche, etc. Les bandes se chevauchent. Coupez les bouts trop longs. Badigeonnez avec le jaune d'œuf et mettez au four environ 20 mn en surveillant.

2025

MARS

Semaine 12

Lundi 17
St Patrick

Mardi 18
St Cyrille

Mercredi 19
St Joseph

Jeudi 20
St Herbert / Printemps / Journée internationale de la francophonie

Vendredi 21
Ste Clémence

Samedi 22
Ste Léa / Journée mondiale de l'eau

Dimanche 23
St Victorien

Retrouvez 2 activités pour les enfants au verso →

Mars 2025

L	M	M	J	V	S	D
					1	2
3	4	5	6	7	8	9
10	11	12	13	14	15	16
17	18	19	20	21	22	23
24	25	26	27	28	29	30
31						

Avril 2025

L	M	M	J	V	S	D
	1	2	3	4	5	6
7	8	9	10	11	12	13
14	15	16	17	18	19	20
21	22	23	24	25	26	27
28	29	30				

COMBAT DE BALLONS

Cette activité sous forme de jeu se fait à deux et doit permettre à l'enfant un peu plus âgé de s'extérioriser.

Activité physique

Matériel à préparer

- 2 ballons de baudruche
- 1 verre en plastique ou en carton

Étape 1

Mettez-vous de part et d'autre d'une table ou d'un comptoir de cuisine lisse. Posez à mi-chemin un verre très léger que vous retournez. Assurez-vous qu'il glisse facilement sur la surface.

Étape 2

Chacun des joueurs prend un ballon de baudruche. Au « Top », chacun souffle dedans pour le gonfler, puis le dégonfle en face du verre pour l'éloigner de son côté et le faire parvenir au bord opposé. Et il recommence aussitôt.

Étape 3

Le premier qui laisse le verre tomber de son côté a perdu.

Conseil

Il faut que l'enfant soit bien habitué à gonfler lui-même les ballons, sinon le jeu sera trop difficile et l'énervera pour rien.

LE BON GOÛT

Activité intellectuelle

Cette activité va stimuler un sens qui est souvent oublié : celui du goût.

Matériel à préparer

- Des yaourts aromatisés
- 1 bandeau

Étape 1

Préparez le jeu : prenez un yaourt de chaque sorte et enlevez les étiquettes tout en laissant une marque distinctive pour pouvoir les reconnaître (une gommette, par exemple).

Étape 2

Bandez les yeux de l'enfant : il va devoir reconnaître le maximum de parfums à l'aveugle.

Conseil

Vous pouvez en faire une animation pour un anniversaire. Les enfants ont les yeux bandés et jouent chacun leur tour. Celui qui reconnaît le plus de parfums gagne la partie.

Lundi 24
Ste Catherine de Suède

Mardi 25
St Humbert / Annonciation

Mercredi 26
Ste Larissa

Jeudi 27
St Habib

Vendredi 28
St Gontran

Samedi 29
Ste Gladys / Fin du ramadan

Dimanche 30
St Amédée / Passage à l'heure d'été (+ 1 h)

Retrouvez 2 activités pour les enfants au verso →

Mars 2025

L	M	M	J	V	S	D
					1	2
3	4	5	6	7	8	9
10	11	12	13	14	15	16
17	18	19	20	21	22	23
24	25	26	27	28	29	30
31						

Avril 2025

L	M	M	J	V	S	D
	1	2	3	4	5	6
7	8	9	10	11	12	13
14	15	16	17	18	19	20
21	22	23	24	25	26	27
28	29	30				

COURSE DE CHENILLES

Activité manuelle

Les plus petits joueront avec le matériel, mais les plus grands pourront le confectionner eux-mêmes avant de jouer et de faire travailler leur motricité fine.

Matériel à préparer

- Du papier de couleur
- Des ciseaux
- Des pailles

Étape 1

Découpez une bande de papier de 2,5 cm de largeur et de 15 cm de long. Marquez le pli au milieu dans la longueur. Repliez chaque bout vers le milieu, une première fois, puis une deuxième fois. Pliez une dernière fois.

Étape 2

Avec les ciseaux, arrondissez les angles, puis dépliez. L'enfant dessinera à un bout des yeux et une bouche. Vous avez une première chenille : vous pouvez en faire autant que vous voulez !

Étape 3

Sur une surface lisse, une table de cuisine ou une toile cirée, organisez la course ! Chacun prend une chenille, la place sur une ligne de départ et, au « Top », souffle avec sa paille pour la faire avancer le plus vite possible vers l'arrivée.

SMOOTHIE BANANE, KIWIS, CITRON

Activité culinaire

Comment faire manger des fruits aux enfants ? Le mieux, c'est de les faire disparaître comme par magie dans un blender !

Matériel à préparer

- 1 blender
- 2 kiwis
- 1 banane
- Le jus d'1 citron (jaune ou vert)
- Des glaçons

Étape 1

Faites éplucher à l'enfant les kiwis et la banane. Laissez-le découper les fruits en tranches.

Étape 2

Ouvrez le blender et mettez d'abord les glaçons et le jus de citron. Ajoutez ensuite les morceaux de kiwis, puis de banane. Refermez soigneusement.

Étape 3

Laissez l'enfant tourner lui-même le bouton et observer la réduction en purée liquide de tous les ingrédients. Suivant la consistance, vous pourrez ajouter un peu d'eau et mixer brièvement à nouveau. Versez dans des verres.

Conseil

Pour un en-cas plus roboratif, on peut remplacer l'eau par un peu de lait d'avoine ou d'amande.

Lundi 31
St Benjamin

Mardi 1
St Hugues

Mercredi 2
Ste Sandrine

Jeudi 3
St Richard

Vendredi 4
St Isidore

Samedi 5
Ste Irène

Début des vacances scolaires de la zone B

Dimanche 6
St Marcellin

Retrouvez 2 activités pour les enfants au verso

Mars 2025

L	M	M	J	V	S	D
					1	2
3	4	5	6	7	8	9
10	11	12	13	14	15	16
17	18	19	20	21	22	23
24	25	26	27	28	29	30
31						

Avril 2025

L	M	M	J	V	S	D
	1	2	3	4	5	6
7	8	9	10	11	12	13
14	15	16	17	18	19	20
21	22	23	24	25	26	27
28	29	30				

COLLE LES BALLES

Activité physique

Cette activité joue sur l'adresse de l'enfant. Les plus petits auront un peu de mal à viser, mais vous pourrez adapter le jeu.

Matériel à préparer

- 6 morceaux de papier
- Des petites balles légères (type ping-pong)
- Du scotch double-face

Étape 1

Sur 6 morceaux de papier, écrivez 1, 2, 3, 4, 5, 6. Sur un sol lisse, disposez les feuilles en les collant avec du scotch double-face et placez du scotch devant les papiers. Mettez le 6 au plus loin, puis rapprochez les papiers en ordre décroissant en les collant en quinconce pour que tous les chiffres soient accessibles.

Étape 2

L'enfant va se placer, assis par terre, à 2 mètres environ des papiers. Il prend une petite balle et la fait rouler en direction des papiers, en essayant de viser les plus hauts chiffres. Il réussit si la balle s'accroche au scotch double-face.

Étape 3

L'enfant peut compter mentalement son score au fur et à mesure ou faire le compte à la fin de tous ses lancers.

Conseil

Vous pouvez aider l'enfant en mettant une rangée plus longue de scotch, qui permettra à la balle légère d'être agrippée même s'il n'a pas visé avec beaucoup de précision.

PARCOURS À L'AVEUGLE

Activité intellectuelle

Cette activité à l'aveugle est parfaite pour animer un anniversaire tout en stimulant le sens du toucher et l'observation chez les enfants.

Matériel à préparer

- 1 bandeau
- 1 chronomètre
- Divers objets

Étape 1

Le jeu consiste à reconnaître, les yeux bandés, différents objets, afin de finir un parcours. Pour commencer, vous disposez différents objets, à l'insu des enfants, le long d'un parcours. Personne ne doit rien voir avant le jeu !

Étape 2

Le premier joueur, les yeux bandés, est placé devant le premier objet et déclenche le chronomètre. À l'aveugle, l'enfant doit reconnaître cet objet. Il ne peut pas continuer à avancer tant qu'il n'a pas reconnu l'objet.

Le gagnant est celui qui finit le parcours le plus rapidement.

Lundi 7
St Jean-Baptiste de La Salle

Mardi 8
Ste Julie

Mercredi 9
St Gautier

Jeudi 10
St Fulbert

Vendredi 11
St Stanislas

Samedi 12
St Jules / Pessa'h

Début des vacances scolaires de la zone C

Dimanche 13
Ste Ida / Rameaux

Retrouvez 2 activités pour les enfants au verso →

Avril 2025

L	M	M	J	V	S	D
	1	2	3	4	5	6
7	8	9	10	11	12	13
14	15	16	17	18	19	20
21	22	23	24	25	26	27
28	29	30				

Mai 2025

L	M	M	J	V	S	D
			1	2	3	4
5	6	7	8	9	10	11
12	13	14	15	16	17	18
19	20	21	22	23	24	25
26	27	28	29	30	31	

CHOUETTE SABLÉE

Activité culinaire

À partir de pâte sablée, on peut créer des petits animaux amusants ! Pour les plus jeunes, cela requiert de l'attention et de la manipulation fine.

Matériel à préparer

- 1 plaque de pâte sablée
- 1 verre large ou 1 emporte-pièce rond
- 1 gros stylo type marqueur

Étape 1

Faites découper des cercles dans la pâte sablée par l'enfant. Il peut utiliser pour cela un verre large ou bien un emporte-pièce rond.

Étape 2

Sur la moitié inférieure du cercle, avec le bord du capuchon du marqueur, l'enfant fait des empreintes régulières en demi-cercle pour simuler des plumes qui se recouvrent.

Étape 3

Repliez les deux côtés du cercle vers le centre, puis repliez le haut du cercle en marquant les deux pointes qui feront les « oreilles » de la chouette. Avec le capuchon du marqueur, faites l'empreinte des deux gros yeux.

Étape 4

Faites cuire les sablés selon les instructions données par le fabricant de la pâte.

HISTOIRE D'HUMEURS

Activité manuelle

Les enfants associeront des pièces et pourront aussi exprimer leurs humeurs.

Matériel à préparer

- Du carton
- Des ciseaux
- Des feutres

Étape 1

Préparez des découpes ovales dans le carton pour faire des têtes. Pour que l'activité soit amusante, il en faut une bonne vingtaine.

Étape 2

Demandez à l'enfant de représenter des visages les plus différents possible : coiffures, sourcils et yeux ; et des bouches également différentes : ouvertes, fermées, souriantes, langue tirée, etc.

Étape 3

Coupez en deux parties égales toutes les têtes : l'enfant va s'amuser à apparier les hauts et les bas librement.

Conseils

Inspirez-vous des émoticônes si vous manquez d'idées.

Ne dessinez pas de nez, cela peut compliquer la découpe en deux !

AVRIL

Lundi 14
St Maxime

Mardi 15
St Paterne

Mercredi 16
St Benoît-Joseph

Jeudi 17
St Anicet

Vendredi 18
St Parfait / Vendredi saint

Samedi 19
Ste Emma

Début des vacances scolaires de la zone A

Dimanche 20
Ste Odette / Pâques **Férié**

Retrouvez 2 activités pour les enfants au verso →

Avril 2025

L	M	M	J	V	S	D
	1	2	3	4	5	6
7	8	9	10	11	12	13
14	15	16	17	18	19	20
21	22	23	24	25	26	27
28	29	30				

Mai 2025

L	M	M	J	V	S	D
			1	2	3	4
5	6	7	8	9	10	11
12	13	14	15	16	17	18
19	20	21	22	23	24	25
26	27	28	29	30	31	

CHAMBOULE-CHIFFRES

Cette activité de tri est facilitée parce que l'enfant s'appuie à la fois sur les formes et les couleurs.

Activité intellectuelle

Matériel à préparer

- 6 bouteilles de lait blanches, vidées et lavées, sans étiquette
- 1 feutre indélébile
- 1 balle
- Du sable

Étape 1

Préparez d'abord les bouteilles avec l'enfant. Versez dedans au moins 2 cm de sable pour qu'elles tiennent debout. Refermez bien les bouteilles avec leur bouchon !

Étape 2

Inscrivez sur chaque bouteille un chiffre de 1 à 6. Disposez ensuite les bouteilles comme des quilles, sur 3 rangs : un rang de 3 quilles, un de 2 et 1 quille seule devant.

Étape 3

Chaque joueur ne lance qu'une fois la balle. Chaque quille renversée rapporte autant de points que le chiffre qu'elle porte.

Conseil

Pour faire aussi travailler la mémoire et le calcul mental, chacun compte mentalement son score et l'annonce avant de lancer. Si le score qu'il annonce est juste, il remporte un point de bonus. Selon la durée de partie qu'on souhaite, on jouera en 50, 100 ou 150 points, chacun ayant eu le droit de lancer le même nombre de balles.

EMPILE LES VERRES

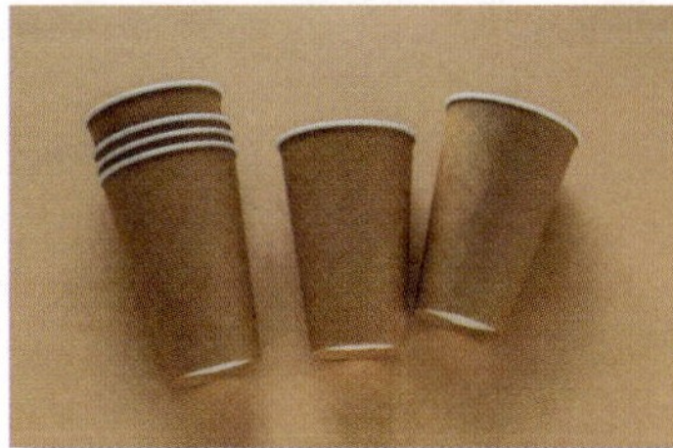

Activité physique

Cette activité est un petit jeu de compétition assez facile, mais si on est pris d'un fou rire, on ne peut plus rien faire !

Matériel à préparer

- Des verres en carton
- Autant de ballons de baudruche que de participants

Étape 1

Posez devant chaque joueur 5 verres en carton. Chaque joueur met dans sa bouche l'embout d'un ballon de baudruche. Il faut réussir à empiler les verres sans les mains, seulement grâce aux ballons.

Étape 2

Au « Top », chacun place son ballon dégonflé dans un verre, souffle pour le gonfler et pouvoir ainsi soulever le verre. Ainsi, il peut le transporter et le déposer dans un autre verre. En laissant l'air s'échapper, il dégage le gobelet et peut recommencer.

Étape 3

Le premier qui a empilé tous ses gobelets a gagné.

AVRIL

Lundi 21

St Anselme / Lundi de Pâques

Férié

Mardi 22

St Alexandre

Fin des vacances scolaires de la zone B

Mercredi 23

St Georges

Jeudi 24

St Fidèle

Vendredi 25

St Marc

Samedi 26

Ste Alida

Dimanche 27

Ste Zita / Journée nationale du souvenir de la Déportation

Retrouvez 2 activités pour les enfants au verso →

Avril 2025

L	M	M	J	V	S	D
	1	2	3	4	5	6
7	8	9	10	11	12	13
14	15	16	17	18	19	20
21	22	23	24	25	26	27
28	29	30				

Mai 2025

L	M	M	J	V	S	D
			1	2	3	4
5	6	7	8	9	10	11
12	13	14	15	16	17	18
19	20	21	22	23	24	25
26	27	28	29	30	31	

CUBES EN CHOCOLAT

Le chaud fait fondre, le froid fait durcir : avec le chocolat, les expériences de physique-chimie deviennent tout de suite plus gourmandes !

Activité culinaire

Matériel à préparer

- 1 bol de chocolat fondu
- 1 moule à glaçons
- Des piques en bois
- La garniture de votre choix

Étape 1

Au préalable, choisissez un moule à glaçons qui fait des cubes les plus gros possible. Remplissez-le d'eau et placez dans chaque alvéole un morceau de pique en bois pour qu'il soit pris dans la glace. Faites prendre au congélateur ou au freezer.

Étape 2

Mettez devant l'enfant un bol de chocolat fondu encore chaud (mais pas trop !).

Étape 3

Démoulez les glaçons. Donnez une pique à l'enfant pour qu'il trempe brièvement le glaçon dans le bol de chocolat et en recouvre toutes les faces du cube, à l'exception de celle du dessus. Il repose ensuite le cube sur la table et attend un peu. Le chocolat va durcir et il pourra enlever le glaçon. L'enfant aura obtenu un petit récipient cubique.

Étape 4

Remplissez les cubes de chocolat à votre guise : chantilly, boule de glace, petits fruits rouges, quartier de mandarine, etc.

LAVAGE DE MAINS

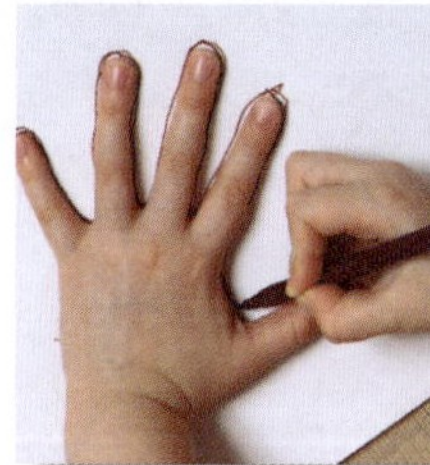

Pour sensibiliser les plus petits au lavage de mains, voici un petit dispositif qu'ils peuvent contribuer à fabriquer.

Activité manuelle

Matériel à préparer

- 2 feuilles de papier
- Des feutres
- Des ciseaux
- 1 cutter

Étape 1

Sur une demi-feuille, faites dessiner par l'enfant le contour de ses deux mains. Il peut les colorier. Sur l'autre demi-feuille, il dessine des taches, des microbes, des bactéries (sous forme de mini-monstres) et les découpe.

Étape 2

Pendant ce temps, sur l'autre feuille, dessinez de profil un robinet duquel s'écoule un puissant jet d'eau. Avec le cutter, vous faites une incision de part et d'autre du jet d'eau, assez grande pour y glisser une demi-feuille.

Étape 3

Placez la demi-feuille où les mains sont dessinées dans l'incision. Faites poser par l'enfant tous les détritus sur les mains. Il va ensuite tirer la demi-feuille pour faire passer les mains sous l'eau : toutes les choses sales resteront sous l'eau et les mains ressortiront toutes propres.

2025

AVRIL / MAI

Semaine 18

Lundi 28

Ste Valérie

Fin des vacances scolaires de la zone C

Mardi 29

Ste Catherine de Sienne

Mercredi 30

St Robert

Jeudi 1

St Jérémie / Fête du Travail

Férié

Vendredi 2

St Boris

Samedi 3

Sts Philippe et Jacques / Journée mondiale de la liberté de la presse

Dimanche 4

St Sylvain

Retrouvez 2 activités pour les enfants au verso →

Avril 2025

L	M	M	J	V	S	D
	1	2	3	4	5	6
7	8	9	10	11	12	13
14	15	16	17	18	19	20
21	22	23	24	25	26	27
28	29	30				

Mai 2025

L	M	M	J	V	S	D
			1	2	3	4
5	6	7	8	9	10	11
12	13	14	15	16	17	18
19	20	21	22	23	24	25
26	27	28	29	30	31	

BILLARD FANTÔME

Activité physique

Cette activité joue sur la concentration et la coopération. Il faut un peu d'habileté, mais surtout de l'entente entre les participants. On peut jouer de 2 à 4.

Matériel à préparer

- 1 vieux torchon blanc et des ciseaux
- 4 balles de couleur
- 4 marqueurs de même couleur que les balles

Étape 1

Dans chaque angle du torchon, faites un trou assez large pour que les balles puissent passer au travers. Entourez chaque trou d'une couleur grâce au marqueur.

Étape 2

Chaque joueur prend un ou deux angles du torchon suivant le nombre de participants. On place les 4 balles au milieu.

Étape 3

En bougeant le torchon, les joueurs vont devoir coopérer pour faire tomber toutes les balles par terre, mais en veillant à ce que chacune passe par le trou de sa couleur.

Conseil

L'activité n'est pas très facile, mais elle permet de renforcer l'esprit de coopération.

ODORAMA

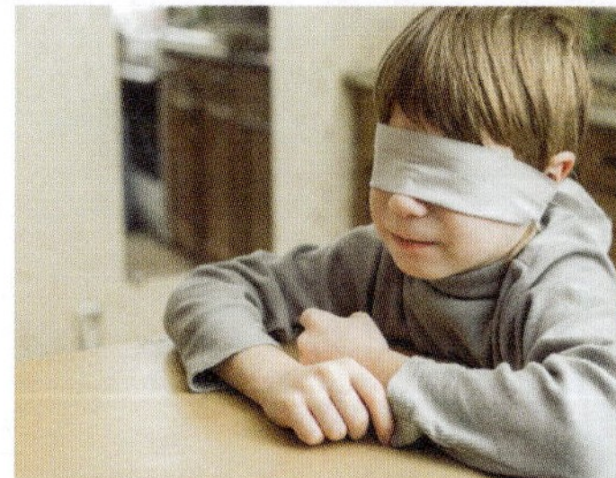

Activité intellectuelle

Cette activité stimule l'odorat et la mémoire.

Matériel à préparer

- 1 bandeau
- Plusieurs petites coupelles, des aliments et substances avec des odeurs caractéristiques (épices, fruits, boissons, etc.)

Étape 1

Préparez à l'avance le dispositif du jeu : remplissez chaque petite coupelle avec un élément différent.
Une fois que toutes les coupelles sont remplies, bandez les yeux de l'enfant et faites-lui sentir leur contenu.

Étape 2

Demandez à l'enfant de reconnaître les odeurs.

Conseil

Vous pouvez en faire une animation d'anniversaire : quand chaque enfant aura tenté sa chance, celui qui aura reconnu le plus d'odeurs sera désigné vainqueur.

MAI

Lundi 5
Ste Judith

Fin des vacances scolaires de la zone A

Mardi 6
Ste Prudence

Mercredi 7
Ste Gisèle

Jeudi 8
St Désiré / Victoire de 1945

Férié

Vendredi 9
St Pacôme / Journée de l'Europe

Samedi 10
Ste Solange / Journée nationale de l'abolition de l'esclavage

Dimanche 11
Ste Estelle / Fête des Mères (Suisse, Belgique & Canada)

Retrouvez 2 activités pour les enfants au verso →

Mai 2025

L	M	M	J	V	S	D
			1	2	3	4
5	6	7	8	9	10	11
12	13	14	15	16	17	18
19	20	21	22	23	24	25
26	27	28	29	30	31	

Juin 2025

L	M	M	J	V	S	D
						1
2	3	4	5	6	7	8
9	10	11	12	13	14	15
16	17	18	19	20	21	22
23	24	25	26	27	28	29
30						

CARAMEL AU LAIT EXPRESS

Activité culinaire

Une alternative aux pâtes à tartiner du commerce, tout aussi savoureuse et facile à faire !

Matériel à préparer

- 1 petite boîte de lait concentré sucré
- Un peu de lait frais
- 1 grand saladier
- 1 fouet
- 1 pot

Étape 1

Versez le lait concentré dans un grand saladier car la préparation va au moins quadrupler de volume.

Étape 2

Mettez le saladier au micro-ondes, puissance maximale, pendant 3 mn, puis remuez au fouet.

Étape 3

Remettez 1 mn au micro-ondes, puis remuez. Renouvelez l'opération autant de fois que nécessaire (7-8 fois) pour que le caramel ait la couleur que vous voulez. Attention à ne pas vous brûler.

Étape 4

Détendez un peu la préparation finale avec du lait. Versez dans un pot et laissez refroidir.

EXPLOSION DE COULEURS

Activité manuelle

Voici une activité qui enchantera les plus petits.

Matériel à préparer

- 1 grand plat à four (type lèchefrite)
- Du lait
- Des colorants alimentaires
- 1 coton
- Du liquide vaisselle

Étape 1

Versez une couche de lait dans le fond du plat. Donnez les colorants alimentaires à l'enfant, qui répartira de petites gouttes à la surface du lait comme bon lui semble.

Étape 2

Prenez un petit coton et imbibez-le de produit vaisselle. Donnez-le à l'enfant, qui va le déposer délicatement au centre du plat.

Étape 3

Les couleurs vont partir dans tous les sens en se mélangeant, pour le plus grand étonnement de l'enfant.

MAI

Lundi 12
St Achille

Mardi 13
Ste Rolande

Mercredi 14
St Matthias

Jeudi 15
Ste Denise

Vendredi 16
St Honoré

Samedi 17
St Pascal

Dimanche 18
St Éric

Retrouvez 2 activités pour les enfants au verso

Mai 2025

L	M	M	J	V	S	D
			1	2	3	4
5	6	7	8	9	10	11
12	13	14	15	16	17	18
19	20	21	22	23	24	25
26	27	28	29	30	31	

Juin 2025

L	M	M	J	V	S	D
						1
2	3	4	5	6	7	8
9	10	11	12	13	14	15
16	17	18	19	20	21	22
23	24	25	26	27	28	29
30						

FEU DE COULEUR

Activité intellectuelle

Avec les expériences de physique amusantes, même simples, vous stimulez la curiosité de l'enfant et son appétit de connaissance.

Matériel à préparer

- 1 feu de cheminée, de barbecue ou un feu de camp
- Du gros sel
- Du sel régénérant pour lave-vaisselle ou adoucisseur d'eau

Étape 1

Si l'enfant a l'occasion de se trouver avec vous à proximité d'un feu de barbecue, de cheminée ou de camp, vous allez lui montrer que la couleur des flammes peut changer.

S'il est petit, il se contentera de regarder. S'il est assez grand, vous le laissez jeter lui-même un peu de gros sel dans les flammes : il verra alors qu'elles deviennent orangées !

Étape 2

Faites-le essayer avec quelques grains de sel régénérant pour lave-vaisselle ou adoucisseur d'eau : cette fois, on voit quelques flammes violettes.

Conseil

S'il est assez grand, expliquez à l'enfant que le chlorure de sodium et le chlorure de potassium modifient la composition du combustible. D'autres produits chimiques donnent d'autres réactions : c'est ce qui permet aux spécialistes de pyrotechnie de donner de belles couleurs aux fusées des feux d'artifice et de colorer les feux de Bengale !

JE SUIS AU CENTRE

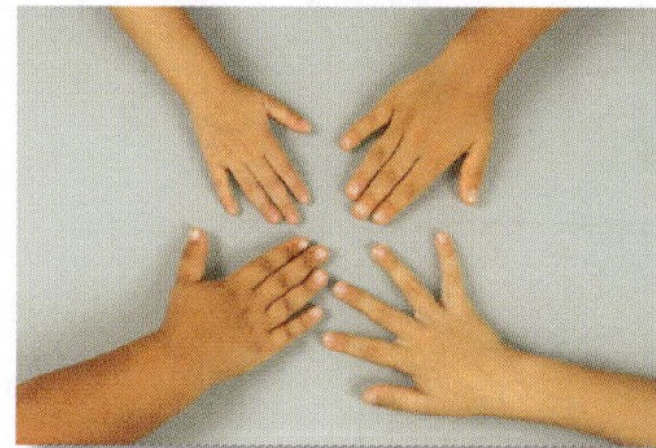

Activité physique

Cette activité permet de faire revenir le calme et de faire en sorte que l'enfant se recentre sur lui-même.

Matériel à préparer

Pas de matériel.

Étape 1

Vous vous asseyez à une table avec votre enfant. Vous lui montrez le mouvement et il va le reproduire.

Étape 2

On pose la main gauche bien à plat en écartant les doigts. Avec l'index de la main droite, on va dessiner sa main gauche en suivant son contour. Il ne faut pas quitter son index des yeux et bien respirer profondément : inspiration par le nez, expiration par la bouche. On le fait dans un sens, du pouce au petit doigt, puis dans l'autre sens.

Conseil

Faites-le autant de fois que nécessaire pour vous recentrer et faire abstraction de votre environnement.

2025

MAI

Semaine 21

Lundi 19
St Yves

Mardi 20
St Bernardin

Mercredi 21
St Constantin

Jeudi 22
St Émile

Vendredi 23
St Didier

Samedi 24
St Donatien

Dimanche 25
Ste Sophie / Fête des Mères (France)

Retrouvez 2 activités pour les enfants au verso

Mai 2025

L	M	M	J	V	S	D
			1	2	3	4
5	6	7	8	9	10	11
12	13	14	15	16	17	18
19	20	21	22	23	24	25
26	27	28	29	30	31	

Juin 2025

L	M	M	J	V	S	D
						1
2	3	4	5	6	7	8
9	10	11	12	13	14	15
16	17	18	19	20	21	22
23	24	25	26	27	28	29
30						

HOURRA !

Activité manuelle

Cette activité de petit bricolage permet aux enfants de créer un jeu de montrer-cacher : ils en raffolent !

Matériel à préparer

- Du papier épais
- 1 gobelet en carton
- 3 pailles articulées en carton
- De quoi décorer (feutres, gommettes, etc.)
- Des ciseaux
- Du scotch

Étape 1

Demandez à votre enfant de découper une tête dans le papier épais : il faut que le personnage puisse se cacher dans le gobelet. L'enfant décore la tête comme il le souhaite (feutres, gommettes, etc.). Il découpe aussi deux mains.

Étape 2

Prenez les pailles. Avec le scotch, fixez-les ensemble, côte à côte, au niveau de l'articulation. Collez la tête du personnage sur la partie la plus courte.

Étape 3

Faites trois trous dans le gobelet : un au fond au milieu, et deux autres symétriques à 2 cm du haut du gobelet. Glissez les trois pailles dans les trois trous. Collez les mains sur le bout des deux pailles des côtés.

Étape 4

Quand l'enfant tire sur la paille centrale tout en tenant le gobelet, le personnage rentre sa tête et lève les bras. Quand il pousse, c'est l'inverse.

GÂTEAU LAPIN

Activité culinaire

L'occasion de décorer des gâteaux tout simples pour se raconter des histoires…

Matériel à préparer pour 4 personnes

- Des gros beignets ronds fourrés style « donut »
- 1 paquet de biscuits de barquettes aux fruits rouges ou au chocolat
- Des bonbons

Étape 1

Prenez un gros beignet. S'il est fourré à la confiture, choisissez plutôt des barquettes aux fruits rouges. S'il est fourré au chocolat, optez pour le « tout chocolat ». Posez-le à plat sur une assiette.

Étape 2

Plantez deux barquettes à l'arrière du beignet pour faire les deux oreilles de la tête de lapin.

Étape 3

L'enfant va disposer des bonbons sur le beignet pour faire les yeux et le nez du lapin. Avec des bonbons gélifiés en ruban fin, il pourra piquer des moustaches de chaque côté du nez.

Conseil

Vous pouvez décorer davantage, par exemple en recouvrant le beignet d'un glaçage blanc ou chocolaté.

Lundi 26
St Bérenger

Mardi 27
St Augustin de Cantorbéry

Mercredi 28
St Germain

Jeudi 29
St Aymar / Ascension **Férié**

Début du pont de l'Ascension

Vendredi 30
Ste Jeanne d'Arc / Fête des Voisins

Samedi 31
Ste Pétronille / Visitation / Journée mondiale sans tabac

Dimanche 1
St Justin / Fête des Pères (Suisse)

Retrouvez 2 activités pour les enfants au verso →

Mai 2025

L	M	M	J	V	S	D
			1	2	3	4
5	6	7	8	9	10	11
12	13	14	15	16	17	18
19	20	21	22	23	24	25
26	27	28	29	30	31	

Juin 2025

L	M	M	J	V	S	D
						1
2	3	4	5	6	7	8
9	10	11	12	13	14	15
16	17	18	19	20	21	22
23	24	25	26	27	28	29
30						

PING SANS PONG

Activité physique

S'il fait mauvais, pas question de jouer avec une balle à l'intérieur, trop de risques de casse ! Sauf si la balle est attachée… Cette activité fait travailler les réflexes et l'adresse.

Matériel à préparer

- 2 raquettes de ping-pong
- 1 balle de ping-pong
- 1 fil de pêche et du scotch

Étape 1

Commencez par préparer la balle : il faut la transpercer et passer le fil de pêche de telle sorte qu'elle se retrouve au bout du fil. Fixez le fil dans le haut de l'encadrement d'une porte pour que la balle soit à la hauteur des mains de l'enfant.

Étape 2

Placez-vous avec l'enfant de part et d'autre de la balle à 2 mètres l'un de l'autre, voire davantage. Chacun prend une raquette.

Étape 3

À la manière du jokari, vous allez taper dans la balle alternativement avec la raquette pour la renvoyer vers l'autre.

Conseil

Même s'il est impossible de vraiment compter des points, le jeu est amusant car il est très rapide.

LES BOUGIES MAGIQUES

Activité intellectuelle

Cette expérience amusante stimule l'esprit scientifique de l'enfant. Selon son âge, il sera simple spectateur ou bien il vous assistera.

Matériel à préparer

- 2 petites bougies chauffe-plats
- 2 bocaux à confiture vides de tailles différentes

Étape 1

Posez les deux bougies sur la table et allumez-les.

Étape 2

Placez ensuite un bocal à l'envers sur chaque bougie. La bougie qui disposera de la plus petite quantité d'oxygène, avec le plus petit bocal, s'éteindra la première.

Conseil

Vous pouvez ainsi expliquer à l'enfant que pour éteindre un feu, il est parfois plus efficace de l'étouffer que de l'inonder. C'est pourquoi, si quelqu'un voit ses habits prendre feu, on l'enveloppe le plus vite possible dans une couverture en tissu non inflammable pour tout de suite étouffer les flammes.

JUIN

Lundi 2
Ste Blandine

Fin du pont de l'Ascension

Mardi 3
St Kévin

Mercredi 4
Ste Clotilde

Jeudi 5
St Igor / Journée mondiale de l'environnement

Vendredi 6
St Norbert

Samedi 7
St Gilbert / Aïd el-Kebir

Dimanche 8
St Médard / Pentecôte
Fête des Pères (Belgique)

Férié

Retrouvez 2 activités pour les enfants au verso →

Juin 2025

L	M	M	J	V	S	D
						1
2	3	4	5	6	7	8
9	10	11	12	13	14	15
16	17	18	19	20	21	22
23	24	25	26	27	28	29
30						

Juillet 2025

L	M	M	J	V	S	D
	1	2	3	4	5	6
7	8	9	10	11	12	13
14	15	16	17	18	19	20
21	22	23	24	25	26	27
28	29	30	31			

TRICOTIN DE RÉCUP'

Pour les activités manuelles, le contact avec la laine ou le fil est très intéressant et permet à l'enfant de réaliser des objets en 3D.

Activité manuelle

Matériel à préparer

- 7 fils de laine de 2 mètres
- Du carton
- Des ciseaux

Étape 1

Découpez un cercle d'environ 10 cm de diamètre dans le carton. Faites un trou au centre.

Étape 2

Avec les ciseaux, faites 8 encoches à intervalles réguliers tout autour du cercle. Faites passer les 7 fils de laine au centre. Nouez-les ensemble, de telle sorte que les fils ressortent vers vous sans pouvoir s'échapper. Un à un, prenez les fils et faites-les passer dans une encoche. Il reste une dernière encoche libre.

Étape 3

L'enfant prend le cercle avec les 7 fils. Il part de l'encoche vide et remonte dans le sens inverse des aiguilles d'une montre et se saisit du 2e fil. Il le dégage de son encoche et le fait passer dans l'encoche vide. Et ainsi de suite en prenant toujours le 2e fil et en le repassant devant. De l'autre côté du cercle se forme petit à petit un tricotin.

Conseil

L'enfant peut choisir des couleurs différentes pour avoir un tricotin bariolé. Il réalisera ainsi des petits bracelets brésiliens sans difficulté.

TARTARE DE TOMATES EN VERRINES

Mélanger, écraser et transvaser, voilà des activités simples mais qui demandent un peu d'attention si on ne veut pas en mettre partout !

Activité culinaire

Matériel à préparer pour 4 personnes

- 1 grosse tomate sans peau (fraîche ou en conserve)
- Du fromage frais bien égoutté (ricotta, brousse ou Carré Frais)
- Un reste de riz froid
- De l'huile
- Du jus de citron
- Du sel et du poivre
- 4 verrines

Étape 1

Ouvrez la grosse tomate. Donnez à l'enfant un couteau à bout rond et demandez-lui de couper la tomate en petits morceaux. Il peut même l'écraser à la fourchette. Ajoutez l'assaisonnement (huile, jus de citron, sel et poivre) et mélangez bien.

Étape 2

Disposez les 4 verrines sur le plan de travail. L'enfant va soigneusement réaliser des couches successives : fromage frais, riz, tomates concassées, riz, tomates, fromage frais.

Conseil

Mettez au frais avant de déguster.

2025

JUIN

Semaine 24

Lundi 9

Ste Diane / Lundi de Pentecôte

Férié

Mardi 10

St Landry

Mercredi 11

St Barnabé

Jeudi 12

St Guy

Vendredi 13

St Antoine

Samedi 14

St Élisée

Dimanche 15

Ste Germaine / Fête des Pères (France & Canada) / Trinité

Retrouvez 2 activités pour les enfants au verso

Juin 2025

L	M	M	J	V	S	D
						1
2	3	4	5	6	7	8
9	10	11	12	13	14	15
16	17	18	19	20	21	22
23	24	25	26	27	28	29
30						

Juillet 2025

L	M	M	J	V	S	D
	1	2	3	4	5	6
7	8	9	10	11	12	13
14	15	16	17	18	19	20
21	22	23	24	25	26	27
28	29	30	31			

MARELLE D'INTÉRIEUR

Activité physique

Il n'est pas toujours facile de jouer à la marelle à l'intérieur, mais cette activité permet de coupler la pratique de la marelle avec le goût pour les chorégraphies.

Matériel à préparer

- 6 morceaux de papier
- Du scotch double-face

Étape 1

Faites préparer les 6 papiers par l'enfant : il peut écrire les chiffres de 1 à 6 ou bien faire des dessins de 6 couleurs différentes. Adaptez les règles suivant son choix.

Étape 2

Collez les 6 papiers sur le pourtour d'un cercle d'environ 60 cm de diamètre. L'enfant se met au milieu.

Étape 3

L'enfant peut imaginer toutes les chorégraphies de son choix ou suivre les consignes que vous lui donnerez : il commence les pieds joints au centre du cercle et il tend vers l'un des papiers l'un de ses pieds, tout en sautillant et en annonçant ce qui est marqué sur le papier, comme dans une comptine.

Conseil

Suivant l'âge de l'enfant, vous pouvez aussi découper des images d'animaux et inventer une histoire pendant que l'enfant devra poser son pied sur l'animal qui est cité. Les déclinaisons du jeu sont innombrables.

LA PÂTE À SAVON

Activité intellectuelle

Cette activité pratique se conjugue avec une expérience de chimie très simple. L'enfant pourra se charger de toutes les manipulations.

Matériel à préparer

- 1 bol et 1 spatule en plastique ou en métal
- 2 cuillères à soupe bombées de Maïzena
- 2 cuillères à soupe de gel douche
- 1 cuillère à soupe d'huile végétale

Étape 1

Mélangez dans le bol tous les ingrédients pour obtenir une pâte. Si elle est trop liquide, rajoutez un peu de Maïzena. Au contraire, si la pâte ne forme pas facilement une boule, rajoutez un peu de gel douche.

Étape 2

Malaxez la pâte jusqu'à ce qu'elle ne soit plus collante sur les doigts. Vous avez fait une boule de savon. Pour se laver les mains, il suffit d'en prélever une petite quantité et de se frotter les mains sous l'eau.

Conseil

Dans un film plastique, la pâte se conserve une semaine.

JUIN

Lundi 16
St Jean-François Régis

Mardi 17
St Hervé

Mercredi 18
St Léonce

Jeudi 19
St Romuald

Vendredi 20
St Silvère

Samedi 21
St Rodolphe / Été / Fête de la Musique

Dimanche 22
St Alban

Retrouvez 2 activités pour les enfants au verso

Juin 2025

L	M	M	J	V	S	D
						1
2	3	4	5	6	7	8
9	10	11	12	13	14	15
16	17	18	19	20	21	22
23	24	25	26	27	28	29
30						

Juillet 2025

L	M	M	J	V	S	D
	1	2	3	4	5	6
7	8	9	10	11	12	13
14	15	16	17	18	19	20
21	22	23	24	25	26	27
28	29	30	31			

PIROUETTE EN PAPIER

Voici une activité de motricité fine pour les plus petits, fondée sur des pliages simples.

Activité manuelle

Matériel à préparer

- Du papier de couleur
- Des ciseaux

Étape 1

Découpez trois bandes de papier de 2,5 cm de large et de 15 cm de long. Pliez-les en deux dans la longueur.

Étape 2

Posez la bande n° 1 sur la table devant vous, pliure vers l'extérieur. Posez parallèlement la bande n° 2, pliure vers vous.

Étape 3

Prenez la bande n° 3. Posez-la perpendiculairement, au milieu des deux autres, pliure à gauche. Elle vient enserrer toute la bande n° 1 comme une pince. Par contre, elle n'enserre que la partie du dessous de la bande n° 2.

Étape 4

Faites tourner la bande n° 2 vers la gauche pour faire passer les deux bouts libres dans la boucle que forme la bande n° 1 en haut. Il reste alors à tirer doucement sur tous les bouts libres pour créer une sorte de toupie. Si vous lâchez la toupie, pointe vers le bas, ne serait-ce que de votre hauteur, elle va se mettre à tourner et fera des pirouettes sur le sol.

Conseil

La manipulation peut sembler un peu complexe, mais il suffit de l'avoir fait une ou deux fois pour la réaliser sans problème.

TARTINES DE FROMAGE AUX FRUITS SECS

Pour un repas léger ou un apéritif, l'enfant va adorer préparer, tartiner et décorer cet en-cas.

Activité culinaire

Matériel à préparer pour 4 personnes

- Des tranches de pain grillées
- Du fromage frais bien égoutté (ricotta, brousse ou Carré Frais)
- Du fromage de chèvre (type bûche)
- Des pistaches décortiquées
- Des raisins secs

Étape 1

Mettez dans un saladier le fromage frais et le fromage de chèvre, assaisonnez au besoin, et donnez une fourchette à l'enfant pour qu'il écrase tout et mélange bien la mixture.

Étape 2

L'enfant va ensuite tartiner la préparation sur les tranches de pain grillé.

Étape 3

L'enfant dispose ensuite sur chaque tartine des pistaches décortiquées et des raisins secs à sa guise.

Conseil

Mettez au frais avant de déguster.

JUIN

Lundi 23

Ste Audrey / Fête nationale luxembourgeoise

Mardi 24

St Jean-Baptiste / Fête nationale québécoise

Mercredi 25

St Prosper

Jeudi 26

St Anthelme

Vendredi 27

St Fernand

Samedi 28

St Irénée

Dimanche 29

Sts Pierre et Paul

Retrouvez 2 activités pour les enfants au verso →

Juin 2025

L	M	M	J	V	S	D
						1
2	3	4	5	6	7	8
9	10	11	12	13	14	15
16	17	18	19	20	21	22
23	24	25	26	27	28	29
30						

Juillet 2025

L	M	M	J	V	S	D
	1	2	3	4	5	6
7	8	9	10	11	12	13
14	15	16	17	18	19	20
21	22	23	24	25	26	27
28	29	30	31			

UN FANTÔME DANS LA BOUTEILLE

Cette activité va attiser la curiosité des plus jeunes pour les expériences de physique amusantes et leur permettre de réaliser eux-mêmes des activités manuelles.

Activité intellectuelle

Matériel à préparer

- 1 gant de ménage
- 1 anneau (pour les clefs par exemple) pas trop grand pour pouvoir passer dans le goulot d'une bouteille
- 1 marqueur indélébile noir
- 1 bouteille en plastique assez souple remplie d'eau

Étape 1

Découpez un doigt du gant de ménage. Retournez-le pour avoir la face blanche visible. Passez le doigt dedans pour pouvoir, au marqueur indélébile noir, dessiner deux yeux et un sourire en haut. Crantez la base pour faire comme les effilés du suaire d'un fantôme.

Étape 2

Retirez votre doigt et passez l'anneau dans le corps du petit fantôme, à mi-hauteur, pour le rigidifier.

Étape 3

Dans la bouteille pleine d'eau, demandez à l'enfant de glisser le fantôme, la tête en haut. Il faut qu'il reste un peu d'air en haut. Fermez la bouteille avec son bouchon. À chaque fois que l'enfant appuiera sur le corps de la bouteille puis relâchera la pression, il verra le petit fantôme monter et descendre.

Vous avez créé ce qu'on appelle un ludion, qui peut monter et descendre dans la bouteille !

FAIS COMME MOI

Activité physique

Cette activité joue sur la concentration, la reproduction d'une consigne et la coordination des mouvements.

Matériel à préparer

- 1 table
- 2 chaises, l'une en face de l'autre

Étape 1

Mettez-vous en face de votre enfant et posez chacun les deux mains à plat sur la table. L'enfant devra reproduire vos mouvements en miroir.

Étape 2

Vous allez librement faire prendre à vos mains toutes les postures que vous voulez. Dès que vous avez choisi, vous vous arrêtez et l'enfant la reproduit. Exemple : la main gauche à plat, paume levée, le poing droit fermé, etc.

Conseil

Vous pouvez continuer ainsi, l'adulte donnant la consigne et l'enfant la reproduisant, ou bien échanger les rôles après un certain nombre de postures ou après chaque posture.

JUIN / JUILLET

Lundi 30
St Martial

Mardi 1
St Thierry / Fête nationale canadienne

Mercredi 2
St Martinien

Jeudi 3
St Thomas

Vendredi 4
St Florent / Fête nationale américaine

Samedi 5
Ste Zoé

Vacances d'été

Dimanche 6
Ste Mariette

Retrouvez 2 activités pour les enfants au verso →

Juin 2025

L	M	M	J	V	S	D
						1
2	3	4	5	6	7	8
9	10	11	12	13	14	15
16	17	18	19	20	21	22
23	24	25	26	27	28	29
30						

Juillet 2025

L	M	M	J	V	S	D
	1	2	3	4	5	6
7	8	9	10	11	12	13
14	15	16	17	18	19	20
21	22	23	24	25	26	27
28	29	30	31			

COUP DE PROJECTEUR

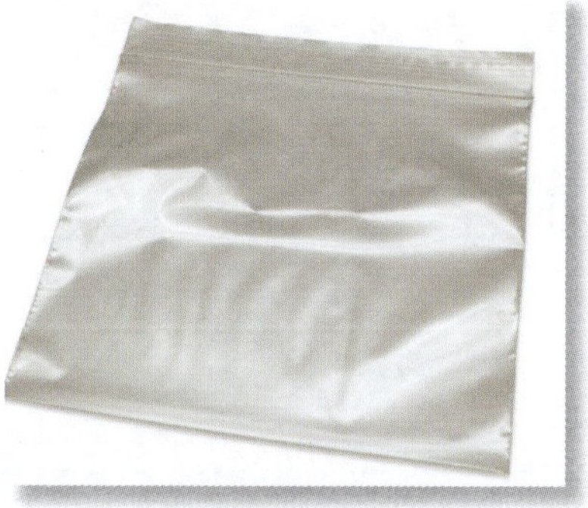

Activité manuelle

Pour renouveler le plaisir de la peinture et découvrir l'effet du souffle.

Matériel à préparer

- 1 sac de congélation avec zip
- 1 feuille de papier noir à la dimension du sac
- 1 feuille de papier blanc
- 1 marqueur noir qui sèche vite

Étape 1

Demandez à l'enfant de dessiner des petits animaux sur le dessus du sac de congélation avec le marqueur noir. Il peut faire le décor qui lui plaît.

Étape 2

Glissez la feuille de papier noir dans le sac : on ne voit plus les dessins. Dites à l'enfant que vous allez donner un coup de projecteur pour les revoir.

Étape 3

Prenez la feuille de papier blanc et dessinez la forme d'une lampe de poche avec un faisceau de lumière en cône qui en part. Faites découper la forme par l'enfant.

Étape 4

Donnez la lampe à l'enfant et dites-lui de la glisser dans le sac au-dessus de la feuille noire : partout où il fera glisser la lampe, les dessins réapparaîtront !

CŒURS EN CONCOMBRE ET EN TOMATES CERISES

Activité culinaire

C'est une petite décoration qui plaira aux enfants. Ils pourront découper ou se contenter d'assembler s'ils sont trop jeunes.

Matériel à préparer pour 4 personnes

- 1 concombre assez fin
- Des tomates cerises
- Des piques en bois pour l'apéritif

Étape 1

Prenez une tomate cerise et coupez-la en biais aux ⅔ de sa longueur. Faites de même avec une deuxième tomate. Collez l'une contre l'autre les deux grosses moitiés de tomate et faites-les tenir avec une pique : vous obtenez un petit cœur rebondi !

Étape 2

Avec le concombre, c'est un peu la même manipulation. Coupez en biais le bout du concombre, puis recoupez-le en deux dans l'épaisseur. En rapprochant les deux morceaux, vous obtiendrez un cœur. Vous pouvez même en obtenir d'autres en découpant des tranches dans l'épaisseur, mais c'est un peu délicat.

Conseil

Entraînez-vous un peu avant de réaliser la manipulation devant l'enfant !

2025

JUILLET

Semaine 28

Lundi 7
St Raoul

Mardi 8
St Thibaut

Mercredi 9
Ste Amandine

Jeudi 10
St Ulrich

Vendredi 11
St Benoît

Samedi 12
St Olivier

Dimanche 13
Sts Henri et Joël

Retrouvez 2 activités pour les enfants au verso →

Juillet 2025

L	M	M	J	V	S	D
	1	2	3	4	5	6
7	8	9	10	11	12	13
14	15	16	17	18	19	20
21	22	23	24	25	26	27
28	29	30	31			

Août 2025

L	M	M	J	V	S	D
				1	2	3
4	5	6	7	8	9	10
11	12	13	14	15	16	17
18	19	20	21	22	23	24
25	26	27	28	29	30	31

ÉLASTIQUES GÉOMÉTRIQUES

Activité intellectuelle

Cette activité fait travailler la motricité fine, apprend le respect d'une consigne et initie aux formes géométriques.

Matériel à préparer

- 1 petite planche de bois
- 12 vis ou clous à grosse tête
- Des élastiques
- Des fiches bristol et des feutres

Étape 1

Vous devez d'abord préparer la planche de bois en fichant dedans à intervalles réguliers 9 vis ou 9 clous à grosse tête sur 3 lignes de 3 en veillant à ce que l'enfant ne se blesse pas en la manipulant.

Étape 2

Préparez ensuite les fiches bristol en reproduisant les 9 plots sous forme de points noirs : sur chaque fiche, vous dessinerez au feutre une forme géométrique qu'on peut former en passant un élastique autour de certains plots : triangle, rectangle, carré.

Étape 3

Donnez à l'enfant la plaque de bois et les élastiques. Montrez-lui une des fiches et demandez-lui de la reproduire en disposant l'élastique convenablement.

Conseil

Vous pouvez compliquer la tâche en plaçant davantage de plots.

NE MANQUE PAS DE SOUFFLE !

Activité physique

Cette activité peut animer un anniversaire. Elle lance la compétition entre les enfants en développant leur rapidité et leur coordination de mouvements.

Matériel à préparer

- Une cinquantaine de petits morceaux de papier de différentes couleurs (autant de chaque)
- Autant de pailles que de participants

Étape 1

Chaque joueur se voit attribuer une couleur. Tous les enfants s'installent par terre en cercle et on jette tous les petits papiers au milieu en les étalant.

Étape 2

Au « Top », chacun prend sa paille et aspire au-dessus d'un papier de sa couleur pour le déplacer et l'amener devant lui. Le premier qui a récupéré tous ses papiers a gagné.

Conseil

Pour les plus petits, il devient un peu compliqué dans l'excitation d'aspirer et de relâcher au bon moment. Si vous voyez que ça ne fonctionne pas dans le stress, faites-les jouer l'un après l'autre.

2025

JUILLET

Semaine 29

Lundi 14

St Camille / Fête nationale française

Férié

Mardi 15

St Donald

Mercredi 16

N.-D. du Mont-Carmel

Jeudi 17

Ste Charlotte

Vendredi 18

St Frédéric

Samedi 19

St Arsène

Dimanche 20

Ste Marina

Retrouvez 2 activités pour les enfants au verso →

Juillet 2025

L	M	M	J	V	S	D
	1	2	3	4	5	6
7	8	9	10	11	12	13
14	15	16	17	18	19	20
21	22	23	24	25	26	27
28	29	30	31			

Août 2025

L	M	M	J	V	S	D
				1	2	3
4	5	6	7	8	9	10
11	12	13	14	15	16	17
18	19	20	21	22	23	24
25	26	27	28	29	30	31

BANANE CANOË

Activité culinaire

Une présentation spectaculaire pour une simple banane.

Matériel à préparer
- 1 banane
- Des piques en bois pour l'apéritif

Étape 1
Prenez la banane en main. Fichez une pique dans la queue de la banane. À 2 cm de la queue, entaillez la peau dans la longueur pour faire 4 fines lanières sur la moitié supérieure du fruit. Attrapez chaque lanière et fixez-la en haut dans la pique en bois. Le fruit est dégagé.

Étape 2
Avec un couteau, coupez le fruit en deux dans la longueur sans le sortir de la peau. Sur la partie supérieure, découpez des tranches d'un bon centimètre, toujours sans les dégager de la peau.

Étape 3
Décalez les demi-tranches, une vers la droite, la suivante vers la gauche. Et voilà, il ne reste plus qu'à déguster !

Conseil
Si vous ne servez pas tout de suite la banane, versez du jus de citron dessus pour éviter le noircissement.

PETIT POTAGER

Activité manuelle

L'enfant va créer lui-même un petit univers qui servira de support pour raconter des histoires.

Matériel à préparer
- Des assiettes en carton
- Des ciseaux
- De la laine marron
- 1 grosse aiguille à bout rond
- Des feutres

Étape 1
L'enfant commence par peindre une assiette, divisée en deux, avec le ciel bleu en haut et la terre marron en bas. Dans une autre assiette, il découpe la forme de carottes, qu'il va peindre en orange. Il peut créer d'autres légumes à sa guise.

Étape 2
Quand tout est bien sec, vous allez faire des trous tout autour de l'assiette sur la partie marron à 1,5 cm du bord. L'enfant prend alors de la laine, enfile l'aiguille et va faire des allers-retours d'un côté à l'autre de l'assiette pour créer un réseau de fils assez serré.

Étape 3
Pour jouer, l'enfant plante les légumes en les glissant dans les fils, si bien qu'ils disparaissent sous la terre. Au contraire, il les cueille en les retirant.

JUILLET

Lundi 21
St Victor / Fête nationale belge

Mardi 22
Ste Marie-Madeleine

Mercredi 23
Ste Brigitte

Jeudi 24
Ste Christine

Vendredi 25
St Jacques

Samedi 26
Sts Anne et Joachim

Dimanche 27
Ste Nathalie

Retrouvez 2 activités pour les enfants au verso →

Juillet 2025

L	M	M	J	V	S	D
	1	2	3	4	5	6
7	8	9	10	11	12	13
14	15	16	17	18	19	20
21	22	23	24	25	26	27
28	29	30	31			

Août 2025

L	M	M	J	V	S	D
				1	2	3
4	5	6	7	8	9	10
11	12	13	14	15	16	17
18	19	20	21	22	23	24
25	26	27	28	29	30	31

SÉPARE LES COULEURS

Découvrir les couleurs primaires et secondaires, c'est facile avec cette expérience de physique amusante.

Activité intellectuelle

Matériel à préparer

- 1 filtre à café
- 1 verre
- 1 pique à brochette
- Du vinaigre blanc
- Des feutres de couleur

Étape 1

Découpez des bandes dans le papier du filtre à café d'environ 1 cm de large et 8 cm de long. Versez 2 cm de vinaigre, pas plus, dans le fond du verre. Posez la pique à brochette horizontalement sur le dessus du verre.

Étape 2

Pliez une bandelette de papier pour qu'elle puisse tenir à cheval sur la brochette et tremper sur 1 cm dans le vinaigre. Faites faire à l'enfant une tache de couleur avec un feutre vert, pour qu'elle se trouve à 1 cm au-dessus du vinaigre quand vous mettrez la bandelette en place. L'enfant en fait également une autre tout près de la pliure pour pouvoir comparer.

Étape 3

Disposez la bandelette et attendez avec l'enfant. Le vinaigre, par capillarité, va monter dans la bandelette et diluer les pigments. Enlevez la bandelette avant que le vinaigre n'atteigne la tache témoin en haut. Vous verrez la tache du bas se décomposer en bleu et en jaune.

Conseil

L'enfant pourra ensuite tester avec d'autres couleurs et découvrir les couleurs primaires qui ne se décomposent pas et les couleurs secondaires comme l'orange ou le violet. Faites un essai avant, car parfois les encres des feutres réservent des surprises !

JACQUES A DESSINÉ

Activité physique

Cette activité permet de déconnecter la réflexion et de ne se fier qu'à ses sensations.

Matériel à préparer

- Des feuilles de papier
- Des crayons peu pointus

Étape 1

L'activité se pratique à deux, en échangeant les rôles au bout d'un moment. L'un des participants se place face à un mur. Il pose un papier contre le mur et se munit d'un crayon. L'autre se place derrière lui et lui pose un papier sur le dos. Il se munit aussi d'un crayon.

Étape 2

Celui qui est face au mur va tenter de reproduire le dessin que l'autre va faire sur le papier qu'il a dans le dos. Il faut aller lentement et décomposer les lignes. On est souvent surpris du résultat. Il faut vraiment se concentrer sur ce qu'on ressent.

Conseil

Il vaut mieux réaliser cette activité avec des vêtements fins et des crayons pas trop pointus !

2025

JUILLET / AOÛT

Lundi 28
St Samson

Mardi 29
Ste Marthe

Mercredi 30
Ste Juliette

Jeudi 31
St Ignace de Loyola

Vendredi 1
St Alphonse / Fête nationale suisse

Samedi 2
St Julien

Dimanche 3
Ste Lydie

Retrouvez 2 activités pour les enfants au verso

Juillet 2025

L	M	M	J	V	S	D
	1	2	3	4	5	6
7	8	9	10	11	12	13
14	15	16	17	18	19	20
21	22	23	24	25	26	27
28	29	30	31			

Août 2025

L	M	M	J	V	S	D
				1	2	3
4	5	6	7	8	9	10
11	12	13	14	15	16	17
18	19	20	21	22	23	24
25	26	27	28	29	30	31

PANIERS DE TORTILLAS AU FOUR

Activité culinaire

Dans ce plat, tout se mange, même le contenant ! L'enfant prépare et garnit : il sera tout fier de présenter sa contribution au dîner ou à l'apéritif.

Matériel à préparer pour 4 personnes

- 1 paquet de tortillas souples
- 1 boîte de maïs
- Des feuilles de salade
- Un reste de poulet cuit ou du thon au naturel
- Du cheddar râpé
- 1 plaque de pâtisserie avec alvéoles pour faire des muffins

Étape 1

Graissez la plaque. Faites découper à l'enfant des carrés de tortillas pour que chacun recouvre une alvéole du plat en débordant un peu (selon la taille, on peut en garnir 2 ou 4 avec une tortilla).

Étape 2

L'enfant ajoute la garniture à sa guise : maïs, poulet ou thon, et finit par le cheddar râpé.

Étape 3

Passez au four à 190 °C pendant 10 mn, puis garnissez chaque panier avec des feuilles de salade. Servez chaud.

Conseil

Vous pouvez varier les garnitures pour utiliser des restes. Finissez toujours par un peu de fromage râpé, pour le goût et l'œil !

PEINTURE SOUS FILM

Activité manuelle

Cette activité s'adresse aux plus petits, qui vont pouvoir toucher la peinture… mais sans se salir !

Matériel à préparer

- Des fiches bristol
- Du film plastique
- Des tubes de peinture

Étape 1

Posez une fiche bristol sur la table et mettez les tubes de peinture à la disposition de l'enfant : il va déposer des petits tas de peinture à différents points du bristol, sans les étaler, et pas trop près du bord.

Étape 2

Déposez ensuite une grande feuille de film plastique (plus grande que la fiche bristol) sur les taches de peinture en enfermant ensuite le dessin complètement.

Étape 3

L'enfant va pouvoir appuyer avec les doigts sur les tas de peinture et les étaler au travers du film sans s'en mettre partout !

Conseil

Enlevez délicatement le film et laissez sécher le résultat final.

AOÛT

Lundi 4
St Jean-Marie Vianney

Mardi 5
St Abel

Mercredi 6
St Octavien / Transfiguration du Seigneur

Jeudi 7
St Gaëtan

Vendredi 8
St Dominique

Samedi 9
St Amour

Dimanche 10
St Laurent

Retrouvez 2 activités pour les enfants au verso →

Août 2025

L	M	M	J	V	S	D
				1	2	3
4	5	6	7	8	9	10
11	12	13	14	15	16	17
18	19	20	21	22	23	24
25	26	27	28	29	30	31

Septembre 2025

L	M	M	J	V	S	D
1	2	3	4	5	6	7
8	9	10	11	12	13	14
15	16	17	18	19	20	21
22	23	24	25	26	27	28
29	30					

LA CHALEUR MONTE

Activité intellectuelle

Cette expérience amusante vous permet de donner à l'enfant quelques conseils de sécurité sans en avoir l'air.

Matériel à préparer

- 1 bouteille en verre vide
- 1 ballon de baudruche
- 1 sèche-cheveux

Étape 1

Commencez par placer le ballon (non gonflé) sur le goulot de la bouteille, bien serré, afin qu'il n'y ait pas d'air qui puisse entrer ou sortir de la bouteille.

Étape 2

Branchez le sèche-cheveux et chauffez la bouteille. L'enfant va alors voir le ballon se gonfler, car l'air dans la bouteille se réchauffe, se dilate et monte remplir tout l'espace disponible dans le ballon !

Conseil

Il est très important d'expliquer à l'enfant que l'air le plus chaud monte toujours, afin qu'il comprenne qu'en cas d'incendie, il faut rester le plus près possible du sol pour respirer l'air le plus froid.

CONVOI PRIORITAIRE

Cette activité oblige les enfants à se concentrer et à se coordonner à plusieurs.

Activité physique

Matériel à préparer

- 1 frite de piscine coupée en deux
- 1 ballon

Étape 1

Les deux enfants se mettent face à face et tiennent dans chaque main un bout de la même demi-frite de piscine. Ils sont ainsi solidaires.

Étape 2

Les enfants doivent tenir leurs bras bien droits devant eux, assez rapprochés. Posez le ballon au milieu et demandez aux enfants de transporter le ballon comme le feraient des brancardiers. Ils doivent se synchroniser et marcher au même rythme, sinon le ballon va tomber.

Conseil

Vous pouvez avoir prévu tout un parcours à réaliser, dans un jardin par exemple. La variante qui se pratiquerait à l'intérieur pourrait se faire avec des baguettes chinoises et une balle de ping-pong…

2025

AOÛT

Semaine 33

Lundi 11
Ste Claire

Mardi 12
Ste Jeanne-Françoise de Chantal

Mercredi 13
St Hippolyte

Jeudi 14
St Evrard

Vendredi 15
Ste Marie / Assomption

Férié

Samedi 16
St Armel

Dimanche 17
St Hyacinthe

Retrouvez 2 activités pour les enfants au verso →

Août 2025

L	M	M	J	V	S	D
				1	2	3
4	5	6	7	8	9	10
11	12	13	14	15	16	17
18	19	20	21	22	23	24
25	26	27	28	29	30	31

Septembre 2025

L	M	M	J	V	S	D
1	2	3	4	5	6	7
8	9	10	11	12	13	14
15	16	17	18	19	20	21
22	23	24	25	26	27	28
29	30					

LA FUSÉE ÉLASTIQUE

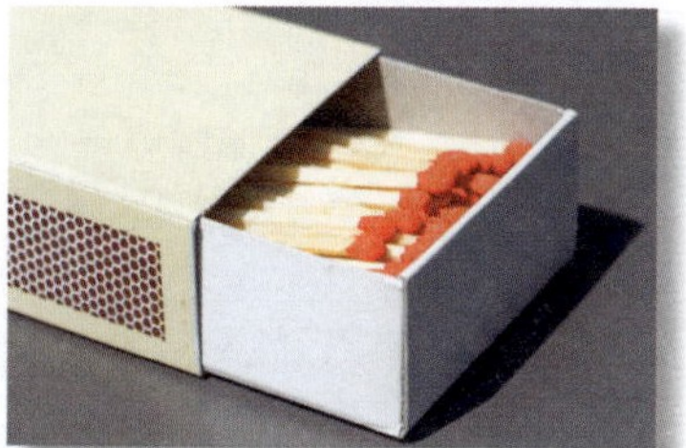

Activité manuelle

Si l'enfant est petit, il se contentera de décorer, puis de lancer. S'il est plus grand, il peut tout faire seul.

Matériel à préparer

- 2 gobelets en carton
- 2 élastiques aussi longs que le diamètre du gobelet
- 4 bouts d'allumettes
- Des ciseaux
- De quoi décorer le gobelet (feutres, gommettes, etc.)

Étape 1

Pour préparer la fusée, faites 4 trous à 1 cm du bord d'un des gobelets, symétriques deux à deux. Faites passer chacun des élastiques en travers du gobelet dans les trous. Dans la petite boucle qui sort à l'extérieur du gobelet, passez un bout d'allumette pour que les élastiques soient tendus.

Étape 2

L'enfant décore le gobelet à sa guise pour le transformer en fusée.

Étape 3

Posez devant l'enfant l'autre gobelet, ouverture contre la table. L'enfant saisit son gobelet-fusée et l'empile sur l'autre en faisant ressort avec les élastiques. Dès qu'il lâche le gobelet, la fusée part en l'air.

ŒUFS COCOTTE AU NID DE PAIN

Activité culinaire

Dans cette recette, tout se mange, contenu et contenant ! Les enfants adorent.

Matériel à préparer pour 4 personnes

- 4 petits pains ronds
- Des dés de jambon fumé
- 4 œufs
- 4 cuillères à café de crème fraîche

Étape 1

Coupez les petits pains aux ⅔ dans l'épaisseur. Dans les « chapeaux », découpez des lanières qui deviendront des mouillettes.

Étape 2

Demandez à l'enfant de creuser le pain sans le crever pour faire une alvéole suffisamment grande. Il va ensuite placer au fond une petite couche de dés de jambon et une cuillère à café de crème fraîche. Cassez ensuite un œuf dans chaque petit pain. Disposez les pains sur une plaque de cuisson, avec les mouillettes à côté.

Étape 3

Faites cuire au four 10 mn à 180 °C.

2025

AOÛT

Semaine 34

Lundi 18
Ste Hélène

Mardi 19
St Jean Eudes

Mercredi 20
St Bernard

Jeudi 21
St Christophe

Vendredi 22
St Fabrice

Samedi 23
Ste Rose de Lima

Dimanche 24
St Barthélemy

Retrouvez 2 activités pour les enfants au verso

Août 2025

L	M	M	J	V	S	D
				1	2	3
4	5	6	7	8	9	10
11	12	13	14	15	16	17
18	19	20	21	22	23	24
25	26	27	28	29	30	31

Septembre 2025

L	M	M	J	V	S	D
1	2	3	4	5	6	7
8	9	10	11	12	13	14
15	16	17	18	19	20	21
22	23	24	25	26	27	28
29	30					

EFFERVESCENCE

Activité intellectuelle

L'enfant a peut-être déjà pris des médicaments effervescents ou vous a vu en prendre. Cette expérience amusante peut lui montrer que du gaz se dégage.

Matérlel à préparer

- 1 bouteille en verre vide
- 1 entonnoir
- 1 ballon de baudruche
- 2 cuillères à soupe de bicarbonate de soude
- Du vinaigre blanc

Étape 1

Mettez du vinaigre blanc au fond de la bouteille sur une hauteur de 2 cm environ.

Étape 2

Dans le ballon de baudruche, à l'aide de l'entonnoir, versez 2 cuillères à soupe de bicarbonate de soude.

Étape 3

Placez le ballon (non gonflé) sur le goulot de la bouteille, bien serré, afin qu'il n'y ait pas d'air qui puisse entrer ou sortir de la bouteille. Relevez ensuite le ballon pour faire tomber le bicarbonate dans le vinaigre blanc. Le dégagement de gaz va le gonfler automatiquement.

Conseil

Suivant l'âge de l'enfant, vous expliquerez ou non l'expérience (acide + base = dégagement de CO_2). Le spectacle suffit déjà à lui donner le goût de l'expérimentation.

SUR UN PIED

Activité physique

Entre le yoga et le gage, cet exercice demande avant tout de l'équilibre.

Matériel à préparer

Pas de matériel.

Étape 1

Placez-vous à côté de l'enfant pour qu'il reproduise vos mouvements, au moins la première fois. Tenez-vous debout, les bras levés sur les côtés dans l'axe des épaules, et levez légèrement la jambe gauche, bien raide, vers l'avant.

Étape 2

Basculez la jambe vers l'arrière en pliant le genou. Le bras gauche vient saisir le pied gauche derrière, au niveau de la fesse, pendant que le bras droit passe vers l'avant pour maintenir l'équilibre.

Étape 3

Ramenez les deux pieds au sol côte à côte et les bras le long du corps. Recommencez avec le pied droit en inversant les postures.

Conseil

Tenez-vous aux côtés de l'enfant, afin de le soutenir s'il venait à perdre l'équilibre.

AOÛT

Lundi 25
St Louis

Mardi 26
Ste Natacha

Mercredi 27
Ste Monique

Jeudi 28
St Augustin

Vendredi 29
Ste Sabine

Samedi 30
St Fiacre

Dimanche 31
St Aristide

Retrouvez 2 activités pour les enfants au verso →

Août 2025

L	M	M	J	V	S	D
				1	2	3
4	5	6	7	8	9	10
11	12	13	14	15	16	17
18	19	20	21	22	23	24
25	26	27	28	29	30	31

Septembre 2025

L	M	M	J	V	S	D
1	2	3	4	5	6	7
8	9	10	11	12	13	14
15	16	17	18	19	20	21
22	23	24	25	26	27	28
29	30					

ESCARGOT À BASCULE

Activité manuelle

L'enfant se fabrique un petit jouet à bascule dans du bristol.

Matériel à préparer

- Des feuilles bristol
- 1 feutre noir
- Des crayons de couleur
- Des ciseaux
- De la colle

Étape 1

Dans une feuille bristol, découpez un cercle d'environ 13 cm de diamètre. Pliez-le en deux. Si vous le posez sur la table, partie ronde vers le bas, il tient debout et peut basculer d'avant en arrière. C'est le corps de l'escargot.

Étape 2

Découpez un autre cercle de 10 cm de diamètre qui fera sa coquille. Collez-le sur un côté du corps, en le décalant vers l'arrière. Il reste à découper deux antennes dans les restes de bristol et à les coller sur la tête.

Étape 3

Avec le feutre noir, l'enfant dessinera les spirales de la coquille, les yeux et un petit sourire ! Il pourra colorier l'ensemble avec des crayons de couleur.

BARRES DE CÉRÉALES

Activité culinaire

L'enfant sera content d'avoir lui-même réalisé des barres de céréales de sa marque préférée !

Matériel à préparer pour 4 à 6 barres

- 6 verres de céréales de votre choix
- 3 cuillères à soupe + 1 noix de beurre
- 1 sachet de petites guimauves
- 1 plat carré ou rectangulaire
- 1 saladier allant au micro-ondes

Étape 1

Graissez le plat avec 1 noix de beurre. Mettez dans le saladier 3 cuillères à soupe de beurre et 1 sachet de petites guimauves.

Étape 2

Passez le saladier au micro-ondes environ 2 mn à pleine puissance, en remuant à mi-cuisson pour que le mélange soit bien lisse.

Étape 3

Incorporez aussitôt les 6 verres de céréales de votre choix, pour qu'elles soient bien enrobées. Versez dans le plat et tassez bien le mélange. Laissez refroidir et découpez en barres.

Conseil

Attention, la préparation est assez sucrée et calorique !

JANVIER 2024	FÉVRIER 2024	MARS 2024	AVRIL 2024	MAI 2024	JUIN 2024
1 L Jour de l'An	1 J	1 V	1 L Lundi de Pâques	1 M Fête du Travail	1 S
2 M	2 V	2 S	2 M	2 J	2 D
3 M	3 S	3 D	3 M	3 V	3 L
4 J	4 D	4 L	4 J	4 S	4 M
5 V	5 L	5 M	5 V	5 D	5 M
6 S	6 M	6 M	6 S	6 L	6 J
7 D	7 M	7 J	7 D	7 M	7 V
8 L	8 J	8 V	8 L	8 M Victoire de 1945	8 S
9 M	9 V	9 S	9 M	9 J Ascension	9 D
10 M	10 S	10 D	10 M	10 V	10 L
11 J	11 D	11 L	11 J	11 S	11 M
12 V	12 L	12 M	12 V	12 D	12 M
13 S	13 M	13 M	13 S	13 L	13 J
14 D	14 M	14 J	14 D	14 M	14 V
15 L	15 J	15 V	15 L	15 M	15 S
16 M	16 V	16 S	16 M	16 J	16 D
17 M	17 S	17 D	17 M	17 V	17 L
18 J	18 D	18 L	18 J	18 S	18 M
19 V	19 L	19 M	19 V	19 D Pentecôte	19 M
20 S	20 M	20 M	20 S	20 L Lundi de Pentecôte	20 J
21 D	21 M	21 J	21 D	21 M	21 V
22 L	22 J	22 V	22 L	22 M	22 S
23 M	23 V	23 S	23 M	23 J	23 D
24 M	24 S	24 D	24 M	24 V	24 L
25 J	25 D	25 L	25 J	25 S	25 M
26 V	26 L	26 M	26 V	26 D	26 M
27 S	27 M	27 M	27 S	27 L	27 J
28 D	28 M	28 J	28 D	28 M	28 V
29 L	29 J	29 V	29 L	29 M	29 S
30 M		30 S	30 M	30 J	30 D
31 M		31 D Pâques		31 V	

JUILLET 2024	AOÛT 2024	SEPTEMBRE 2024	OCTOBRE 2024	NOVEMBRE 2024	DÉCEMBRE 2024
1 L	1 J	1 D	1 M	1 V Toussaint	1 D
2 M	2 V	2 L	2 M	2 S	2 L
3 M	3 S	3 M	3 J	3 D	3 M
4 J	4 D	4 M	4 V	4 L	4 M
5 V	5 L	5 J	5 S	5 M	5 J
6 S	6 M	6 V	6 D	6 M	6 V
7 D	7 M	7 S	7 L	7 J	7 S
8 L	8 J	8 D	8 M	8 V	8 D
9 M	9 V	9 L	9 M	9 S	9 L
10 M	10 S	10 M	10 J	10 D	10 M
11 J	11 D	11 M	11 V	11 L Armistice de 1918	11 M
12 V	12 L	12 J	12 S	12 M	12 J
13 S	13 M	13 V	13 D	13 M	13 V
14 D Fête nat. française	14 M	14 S	14 L	14 J	14 S
15 L	15 J Assomption	15 D	15 M	15 V	15 D
16 M	16 V	16 L	16 M	16 S	16 L
17 M	17 S	17 M	17 J	17 D	17 M
18 J	18 D	18 M	18 V	18 L	18 M
19 V	19 L	19 J	19 S	19 M	19 J
20 S	20 M	20 V	20 D	20 M	20 V
21 D	21 M	21 S	21 L	21 J	21 S
22 L	22 J	22 D	22 M	22 V	22 D
23 M	23 V	23 L	23 M	23 S	23 L
24 M	24 S	24 M	24 J	24 D	24 M
25 J	25 D	25 M	25 V	25 L	25 M Noël
26 V	26 L	26 J	26 S	26 M	26 J
27 S	27 M	27 V	27 D	27 M	27 V
28 D	28 M	28 S	28 L	28 J	28 S
29 L	29 J	29 D	29 M	29 V	29 D
30 M	30 V	30 L	30 M	30 S	30 L
31 M	31 S		31 J		31 M

Calendrier des vacances scolaires 2024*

Vacances de Noël

Du samedi 23 décembre 2023 au lundi 8 janvier 2024.

Vacances d'hiver

Zone A

Du samedi 17 février au lundi 4 mars 2024.

Zone B

Du samedi 24 février au lundi 11 mars 2024.

Zone C

Du samedi 10 février au lundi 26 février 2024.

Vacances de printemps

Zone A

Du samedi 13 avril au lundi 29 avril 2024.

Zone B

Du samedi 20 avril au lundi 6 mai 2024.

Zone C

Du samedi 6 avril au lundi 22 avril 2024.

Pont de l'Ascension

Du mercredi 8 mai au lundi 13 mai 2024.

Début des vacances d'été

Samedi 6 juillet 2024.

Rentrée des classes

Lundi 2 septembre 2024.

Vacances de la Toussaint

Du samedi 19 octobre au lundi 4 novembre 2024.

Vacances de Noël

Du samedi 21 décembre 2024 au lundi 6 janvier 2025.

Zone A : Besançon, Bordeaux, Clermont-Ferrand, Dijon, Grenoble, Limoges, Lyon, Poitiers.

Zone B : Aix-Marseille, Amiens, Caen, Lille, Nancy-Metz, Nantes, Nice, Orléans-Tours, Reims, Rennes, Rouen, Strasbourg.

Zone C : Créteil, Montpellier, Paris, Toulouse, Versailles.

*Important : malgré nos vérifications et notre souci permanent de vous fournir le meilleur organiseur familial, des changements peuvent être décidés par le ministère de l'Éducation nationale concernant les dates de vacances scolaires après l'envoi en impression de votre *Bloc hebdomadaire organiseur Mémoniak Activités pour les enfants*. Nous nous en excusons par avance et vous conseillons vivement de les vérifier sur le site Internet du ministère de l'Éducation nationale avant toute utilisation. Les vacances scolaires pour la Corse ne sont pas encore connues à l'heure où nous imprimons l'organiseur. Renseignez-vous sur le site www.ac-corse.fr.

CALENDRIER 2025

JANVIER 2025	FÉVRIER 2025	MARS 2025	AVRIL 2025	MAI 2025	JUIN 2025
1 M Jour de l'An	1 S	1 S	1 M	1 J Fête du Travail	1 D
2 J	2 D	2 D	2 M	2 V	2 L
3 V	3 L	3 L	3 J	3 S	3 M
4 S	4 M	4 M	4 V	4 D	4 M
5 D	5 M	5 M	5 S	5 L	5 J
6 L	6 J	6 J	6 D	6 M	6 V
7 M	7 V	7 V	7 L	7 M	7 S
8 M	8 S	8 S	8 M	8 J Victoire de 1945	8 D Pentecôte
9 J	9 D	9 D	9 M	9 V	9 L Lundi de Pentecôte
10 V	10 L	10 L	10 J	10 S	10 M
11 S	11 M	11 M	11 V	11 D	11 M
12 D	12 M	12 M	12 S	12 L	12 J
13 L	13 J	13 J	13 D	13 M	13 V
14 M	14 V	14 V	14 L	14 M	14 S
15 M	15 S	15 S	15 M	15 J	15 D
16 J	16 D	16 D	16 M	16 V	16 L
17 V	17 L	17 L	17 J	17 S	17 M
18 S	18 M	18 M	18 V	18 D	18 M
19 D	19 M	19 M	19 S	19 L	19 J
20 L	20 J	20 J	20 D Pâques	20 M	20 V
21 M	21 V	21 V	21 L Lundi de Pâques	21 M	21 S
22 M	22 S	22 S	22 M	22 J	22 D
23 J	23 D	23 D	23 M	23 V	23 L
24 V	24 L	24 L	24 J	24 S	24 M
25 S	25 M	25 M	25 V	25 D	25 M
26 D	26 M	26 M	26 S	26 L	26 J
27 L	27 J	27 J	27 D	27 M	27 V
28 M	28 V	28 V	28 L	28 M	28 S
29 M		29 S	29 M	29 J Ascension	29 D
30 J		30 D	30 M	30 V	30 L
31 V		31 L		31 S	

JUILLET 2025	AOÛT 2025	SEPTEMBRE 2025	OCTOBRE 2025	NOVEMBRE 2025	DÉCEMBRE 2025
1 M	1 V	1 L	1 M	1 S Toussaint	1 L
2 M	2 S	2 M	2 J	2 D	2 M
3 J	3 D	3 M	3 V	3 L	3 M
4 V	4 L	4 J	4 S	4 M	4 J
5 S	5 M	5 V	5 D	5 M	5 V
6 D	6 M	6 S	6 L	6 J	6 S
7 L	7 J	7 D	7 M	7 V	7 D
8 M	8 V	8 L	8 M	8 S	8 L
9 M	9 S	9 M	9 J	9 D	9 M
10 J	10 D	10 M	10 V	10 L	10 M
11 V	11 L	11 J	11 S	11 M Armistice de 1918	11 J
12 S	12 M	12 V	12 D	12 M	12 V
13 D	13 M	13 S	13 L	13 J	13 S
14 L Fête nat. française	14 J	14 D	14 M	14 V	14 D
15 M	15 V Assomption	15 L	15 M	15 S	15 L
16 M	16 S	16 M	16 J	16 D	16 M
17 J	17 D	17 M	17 V	17 L	17 M
18 V	18 L	18 J	18 S	18 M	18 J
19 S	19 M	19 V	19 D	19 M	19 V
20 D	20 M	20 S	20 L	20 J	20 S
21 L	21 J	21 D	21 M	21 V	21 D
22 M	22 V	22 L	22 M	22 S	22 L
23 M	23 S	23 M	23 J	23 D	23 M
24 J	24 D	24 M	24 V	24 L	24 M
25 V	25 L	25 J	25 S	25 M	25 J Noël
26 S	26 M	26 V	26 D	26 M	26 V
27 D	27 M	27 S	27 L	27 J	27 S
28 L	28 J	28 D	28 M	28 V	28 D
29 M	29 V	29 L	29 M	29 S	29 L
30 M	30 S	30 M	30 J	30 D	30 M
31 J	31 D		31 V		31 M

Calendrier des vacances scolaires 2025*

Vacances de Noël
Du samedi 21 décembre 2024
au lundi 6 janvier 2025.

Vacances d'hiver

Zone A
Du samedi 22 février
au lundi 10 mars 2025.

Zone B
Du samedi 8 février
au lundi 24 février 2025.

Zone C
Du samedi 15 février
au lundi 3 mars 2025.

Vacances de printemps

Zone A
Du samedi 19 avril
au lundi 5 mai 2025.

Zone B
Du samedi 5 avril
au mardi 22 avril 2025.

Zone C
Du samedi 12 avril
au lundi 28 avril 2025.

Pont de l'Ascension
Du jeudi 29 mai
au lundi 2 juin 2025.

Début des vacances d'été
Samedi 5 juillet 2025.

Rentrée des classes
Lundi 1er septembre 2025.

Vacances de la Toussaint
Du samedi 18 octobre
au lundi 3 novembre 2025.

Vacances de Noël
Du samedi 20 décembre 2025
au lundi 5 janvier 2026.

Zone A : Besançon, Bordeaux, Clermont-Ferrand, Dijon, Grenoble, Limoges, Lyon, Poitiers.

Zone B : Aix-Marseille, Amiens, Caen, Lille, Nancy-Metz, Nantes, Nice, Orléans-Tours, Reims, Rennes, Rouen, Strasbourg.

Zone C : Créteil, Montpellier, Paris, Toulouse, Versailles.

*…portant : malgré nos vérifications et notre souci permanent de vous fournir le meilleur organiseur familial, des changements peuvent être décidés par le ministère de l'Éducation nationale concernant les dates de …ances scolaires après l'envoi en impression de votre *Bloc hebdomadaire organiseur Mémoniak Activités pour les enfants*. Nous nous en excusons par avance et vous conseillons vivement de les vérifier sur le site Internet …inistère de l'Éducation nationale avant toute utilisation. Les vacances scolaires pour la Corse ne sont pas encore connues à l'heure où nous imprimons l'organiseur. Renseignez-vous sur le site www.ac-corse.fr.